Indispensável

Indispensável

Receitas vegetarianas contemporâneas
para um dia a dia mais saboroso

Dunja Gulin

fotos de William Reavell

tradução de Maria Sylvia Corrêa

Copyright do texto © 2014 Dunja Gulin
Copyright do projeto gráfico e das imagens
© 2014 Ryland Peters & Small

Copyright da tradução
© 2014 Alaúde Editorial Ltda.

Publicado pela primeira vez no Reino Unido com o título *The vegan pantry – 60 naturally delicious recipes for modern vegan food* por Ryland Peters & Small, 20-21 Jockey's Fields, Londres, WC1R 4BW.

Todos os direitos reservados. Nenhuma parte desta edição pode ser utilizada ou reproduzida – em qualquer meio ou forma, seja mecânico ou eletrônico –, nem apropriada ou estocada em sistema de banco de dados sem a expressa autorização da editora.

O texto deste livro foi fixado conforme o acordo ortográfico vigente no Brasil desde 1º de janeiro de 2009.

Produção editorial: Editora Alaúde
Preparação: Elvira Castañon
Revisão: Claudia Vilas Gomes, Shirley Gomes
Capa: Rodrigo Frazão
Edição original: Ryland Peters & Small
Produção de objetos: Jo Harris
Produção culinária: Emily Kydd e Rosie Reynolds
Índice: W. Stephen Gilbert

1ª edição, 2015 (1 reimpressão)

Impresso na China

Dados Internacionais de Catalogação na Publicação (CIP)
(Câmara Brasileira do Livro, SP, Brasil)

Gulin, Dunja
Indispensável: receitas vegetarianas contemporâneas para um dia a dia mais saboroso /Dunja Gulin ; fotos de William Reavell; tradução de Maria Sylvia Corrêa. -- 1. ed. -- São Paulo: Alaúde Editorial, 2015.
Título original: *Vegan pantry: 60 naturally delicious recipes for modern vegan food*.
ISBN 978-85-7881-257-7

1. Alimentos vegetarianos 2. Culinária vegetariana 3. Gastronomia 4. Receitas 5. Vegetarianismo I. Reavell, William. II. Título.

14-09319	CDD: 641.5636

Índices para catálogo sistemático:
1. Receitas vegetarianas : Culinária 641.5636

2016
Alaúde Editorial Ltda.
Avenida Paulista, 1337, conjunto 11
São Paulo, SP, 01311-200
Tel.: (11) 5572-9474
www.alaude.com.br

sumário

7 Introdução

10 O básico

28 Café da manhã e brunch

46 Pratos principais e comidinhas reconfortantes

68 Antepastos, petiscos e lanches

82 Saladas

96 Molhos

110 Sopas e cozidos

124 Doces

142 Índice remissivo

introdução

É muito importante que você leia esta apresentação do começo ao fim! Sei que os meus livros de culinária têm apresentações mais longas do que o costume... Faço isso porque acredito que conhecer os princípios por trás de minhas receitas facilita muito na hora de cozinhar e de escolher os ingredientes. Você também vai perceber que, ao compreender o conceito da cozinha vegana, vai poder criar os próprios pratos, sem o medo de arriscar que assombra os principiantes.

Antes de continuar, gostaria de me apresentar e partilhar com você, leitor, a minha abordagem culinária e o que penso sobre dietas e estilos de vida.

Escolhi o caminho de uma alimentação saudável quando ainda era adolescente e experimentei – e aprovei – os pratos da cozinha vegetariana, vegana e macrobiótica. Quando estava na faculdade, fiz alguns cursos de culinária natural, sobretudo de macrobiótica. Depois de formada, o gosto pela culinária saudável me afastou de vez da minha vocação e me aproximou de uma paixão: combinar estilos de cozinha e filosofias diferentes para criar uma maneira saudável e muito própria de cozinhar. Minha meta era criar pratos usando bom senso, com o objetivo de extrair o melhor que a natureza tem a oferecer. Neste livro de receitas, apresento uma combinação dos princípios das culinárias vegana e macrobiótica e do crudivorismo, os quais, ao longo dos anos, venho incorporando à minha rotina. Esses estilos, em minha opinião, se complementam perfeitamente e equilibram qualquer dieta. Neste livro, incluí receitas inteiramente veganas, mas não é preciso ser um vegano rígido para apreciá-las!

As pessoas acham que basta evitar ingredientes de origem animal para ter uma alimentação saudável. Eu não concordo com isso. Existem alguns alimentos veganos – como pão branco, açúcar refinado, margarina e proteína texturizada de soja – que podem trazer consequências negativas para a saúde a longo prazo, se forem consumidos diariamente ou mesmo semanalmente. Para que um alimento seja considerado saudável, os critérios devem ser mais rígidos do que simplesmente ser "vegano". O critério básico é que os ingredientes sejam pouco processados, pois são mais nutritivos.

Precisamos compreender que nosso organismo está sempre em busca de equilíbrio. Vejamos um exemplo: depois de uma farra carnívora, o corpo pede sorvete; depois de um hambúrguer salgado, tem sede de refrigerante. Com o tempo, o corpo acaba se cansando desses extremos e começam a surgir os problemas de saúde.

O que acontece se decidimos eliminar a carne de nossa dieta mas continuamos a consumir alimentos muito industrializados? O desequilíbrio se instala! O que estou tentando dizer é bastante simples: para se manter saudável ao escolher o veganismo, é preciso avaliar todas as escolhas alimentares, ingerir alguns suplementos e eliminar totalmente os alimentos refinados. Neste livro, você vai encontrar as diretrizes para fazer isso.

Espero que você aproveite esta maravilhosa viagem gastronômica. Saiba que vou guiá-lo oferecendo princípios básicos para tudo dar certo, afinal:

"Quem cozinha não cozinha sozinho. Qualquer um, mesmo sozinho na cozinha, está rodeado de gerações de cozinheiros do passado, de experiências e cardápios de cozinheiros do presente e da sabedoria dos autores de livros de culinária." Laurie Colwin

começando do zero

Dá uma imensa sensação de segurança saber que os alimentos que usamos diariamente na cozinha vêm diretamente da natureza. Cuidar do corpo com alimentos puros e naturais é o melhor investimento que se pode fazer: isso vai proporcionar a quem está à nossa volta, e a nós mesmos, plena saúde e alegria.

Organização

Talvez você conheça gente capaz de preparar um banquete num piscar de olhos, fazendo parecer que cozinhar é a coisa mais simples do mundo. O segredo mais bem guardado de todos os chefs e cozinheiros experientes é a organização! Enquanto a massa está crescendo e o alimento está de molho, cozinhando ou assando, você pode tomar banho, fazer faxina, passar roupa, ler ou brincar com as crianças – lembre que algumas etapas do preparo não precisam de sua atenção. Isso mesmo, cozinhar não é uma tarefa que toma todo seu tempo.

Não há nada pior do que chegar em casa com fome e não ter nada pronto para comer. A primeira ideia que vem à mente é ir até a padaria mais próxima ou fazer um pedido pelo telefone. Para fugir dessas situações, tenha sempre grãos – feijão cozido, por exemplo –, no freezer, e alguma proteína, como seitan, tofu ou tempeh, que, com algumas hortaliças, um pouco de azeite e alguns minutos de cozimento, facilmente se transformam numa refeição rápida, gostosa e nutritiva. Sempre digo aos meus alunos que o planejamento é tão importante quanto a habilidade na cozinha – um bom planejamento é meio caminho andado!

Mesmo que sua agenda o force a apelar para enlatados e congelados, pense que até os melhores alimentos orgânicos processados perdem muito de sua energia vital e de seus nutrientes. Uma boa maneira de garantir a quantidade certa de nutrientes e reduzir o tempo na cozinha é ter ingredientes pré-cozidos (você pode adiantar isso quando tiver tempo), assim fica fácil preparar uma refeição ao chegar do trabalho. Grãos e legumes, quando cozidos sozinhos, duram de 2 a 4 dias no refrigerador (e no freezer mais ainda). No mais, é só planejar com antecedência.

Cozinhar é como um quebra-cabeça: imagine que cada etapa do processo é uma pecinha e, com paciência e experiência, é possível colocar no prato uma pintura bonita e criativa, para ser apreciada com todos os sentidos.

o básico

como cozinhar grãos

Os grãos integrais, além de essenciais para uma alimentação saudável, são fontes importantes de carboidratos complexos, fibras, vitaminas e minerais. Uma alimentação vegana rica em grãos processados não pode ser considerada saudável, portanto, caso sua despensa não esteja cheia de grãos integrais, pegue sua sacola reciclável e vá correndo comprar os que incluí na minha lista!

Lembre que os grãos são diferentes, como mostro na tabela. Alguns devem ficar de molho, outros devem ser torrados antes de serem cozidos, mas isso não é regra. Deixar grãos duros (grão-de-bico e cevada) previamente de molho e/ou cozinhá-los na panela de pressão facilita a digestão. Grãos torrados ganham em sabor quando misturados com oleaginosas. Já iniciar o cozimento de grãos macios (painço, amaranto, quinoa e trigo-sarraceno) em água quente garante um cozimento mais homogêneo e evita que fiquem "pegajosos".

como cozinhar leguminosas

As leguminosas (lentilhas, ervilhas, feijões) são muito nutritivas e uma importante fonte de proteínas, minerais e fibras. Ao aderir à dieta vegana paramos de comer carne, mas continuamos precisando de proteínas. As leguminosas cumprem esse papel oferecendo muita proteína e pouca gordura!

É preciso seguir algumas técnicas ao cozinhar leguminosas cruas para que fiquem macias e fáceis de digerir (e causem menos gases). Eu uso o método do "choque", ou seja, ponho água suficiente para cobrir as leguminosas e vou acrescentando água fria, quanto e se for necessário. Isso provoca um "choque" na casca e amacia o grão. Ao cozinhar leguminosas, sempre coloco um pedacinho de kombu (ao estilo japonês) e uma folha de louro (à moda da minha avó). Dizem que ambas ajudam na digestão de feijões e lentilhas.

TIPO DE CEREAL	PROPORÇÃO: ÁGUA (XÍCARA)*	TEMPO DE COZIMENTO (MINUTOS)	PRÉ-PREPARO, OPCIONAL
ARROZ INTEGRAL	1:2 (ÁGUA FRIA)	40–50	DEIXAR DE MOLHO POR 8 HORAS NA QUANTIDADE INDICADA DE ÁGUA
ARROZ BRANCO	1:2 (ÁGUA FERVENTE)	20	–
QUINOA	1:2½ (ÁGUA FERVENTE)	15–20	–
CEVADA	1:2 (ÁGUA FERVENTE)	40–50	DEIXAR DE MOLHO
AMARANTO	1:3 (ÁGUA FERVENTE)	25	–
TRIGO-SARRACENO	1:2 (ÁGUA FERVENTE)	15–20	TORRAR
PAINÇO	1:2 (ÁGUA FERVENTE)	15–20	TORRAR

*1 xícara = 240 ml. Acho mais simples e rápido usar uma xícara para medir tanto os grãos como a água.

TIPO DE LEGUMINOSA	MOLHO	TEMPO DE COZIMENTO (MINUTOS)	TIPO DE PANELA
LENTILHA (MARROM, VERDE, PRETA, PUY)	NÃO	30–40	NORMAL, MÉTODO DE CHOQUE
LENTILHA (VERMELHA, AMARELA)	NÃO	20–25	NORMAL
FEIJÃO-AZUQUI	OPCIONAL	45–60	NORMAL, MÉTODO DE CHOQUE
FEIJÕES EM GERAL (CARIOCA, PRETO, JALO, ROSINHA, BRANCO) E GRÃO-DE-BICO	SIM	60+	PANELA DE PRESSÃO (O RESULTADO É MELHOR)

como abastecer sua despensa

Dê uma rápida olhada na lista de ingredientes básicos a seguir. Você já consome esses alimentos? Se respondeu sim, isso é ótimo, mas se eles são novidade para você, se os considera exóticos demais e nunca pensou em incluí-los na dieta... isso não é nada bom. Esteja aberto para provar alimentos novos. Saiba que eles são saborosos e ricos em nutrientes que os alimentos "comuns" não oferecem. Seria uma pena rejeitá-los apenas porque não fazem parte das tradições culinárias ocidentais.

o que não pode faltar

cereais e massas

Arroz integral, painço, quinoa, farinha de milho e aveia em flocos são os cereais e seus derivados que mais utilizo no dia a dia e não podem faltar na minha despensa. De vez em quando, uso amaranto, espelta, cevada, arroz selvagem e trigo-sarraceno – por exemplo em sopas, cozidos, bolachas e saladas, como veremos neste livro –, então eles podem ocupar menos espaço na despensa. Diversos tipos de massas integrais e sem glúten, contudo, não podem faltar, pois são indispensáveis em refeições rápidas.

leguminosas secas

Gosto de ter feijões e lentilhas – tanto os mais macios quanto os mais duros – na despensa. Os mais macios, como as lentilhas marrons e verdes e o feijão-azuqui, podem ser preparados rapidamente e não precisam ficar de molho. Os feijões-carioca, preto, jalo e branco e o grão-de-bico precisam ficar de molho e demoram um pouco para cozinhar. Os feijões são uma parte importante da minha dieta: eles contêm muitos nutrientes e são ricos em proteína. Não costumo usar feijão enlatado, mas é sempre bom ter uma ou duas latas de feijão orgânico na despensa, em caso de emergência.

óleo, azeite e vinagre

Gosto de azeite; é o que mais utilizo para cozinhar e temperar. Sempre tenho à mão azeite de oliva comum, que é um pouco mais barato e neutro para cozinhar, e azeite de oliva extra virgem para temperar saladas e legumes, e finalizar alguns preparos. Por sorte, minha avó ainda me abastece com seu azeite da Ístria, de altíssima qualidade. Sempre digo que um bom azeite enriquece o mais simples dos pratos, por isso vale a pena gastar um pouquinho mais de dinheiro. O óleo de girassol e o de coco são muito bons, sobretudo para frituras e assados, e o óleo de linhaça e o de gergelim, para temperar.

Quanto aos vinagres, é bom ter um de maçã e um de arroz para temperar saladas (eu sempre uso pequenas quantidades). Também recomendo outros tipos de vinagre, como o de ameixa umeboshi, que uso mais como tempero do que como vinagre – o seu sabor salgado, ácido e frutado realça o sabor de sopas cremosas, cozidos e preparos que levam legumes. Eles não podem faltar na despensa!

sal

Recomendo o sal marinho não refinado, mas o sal grosso também é uma boa fonte de minerais e pode ser usado diariamente. É bom ter à mão tanto o sal refinado quanto o grosso; o grosso para cozinhar e o refinado para finalizar os pratos. Devemos evitar o sal comum e o sal acrescido de iodo.

oleaginosas e sementes

São muitas as variedades de oleaginosas e sementes. Eu gosto de todas! Amêndoas, avelãs e nozes são comuns em minha região, por isso eu as utilizo sempre, e reservo as macadâmias e as castanhas de caju para receitas especiais, e também em pães, bolos e tortas.

Da minha lista de sementes, recomendo enfaticamente o uso quase diário de sementes de girassol, abóbora e gergelim, que são muito ricas em minerais vitais. A linhaça e a chia beneficiam a digestão e são ricas em ômega 3 e 6. Costumo deixá-las de molho. Muitas vezes eu as trituro e adiciono em mingaus, sopas, saladas e sobremesas.

o básico 11

ervas e especiarias

Uso muitas ervas e temperos mediterrâneos em minha cozinha – afinal eu cresci na costa adriática. Orégano, tomilho, manjericão, louro, cúrcuma em pó, gengibre em pó, erva-doce, pimenta vermelha em pó, páprica doce, pimenta-do-reino e curry são os meus preferidos, mas também gosto de cominho, pimenta-de-caiena, cravo-da-índia e canela em pó para realçar o sabor de algumas preparações. Em vez de apenas seguir as minhas indicações, experimente todas as especiarias que encontrar pela frente e só depois eleja as favoritas. Arrisque, faça suas próprias combinações!

alimentos desidratados

Há uma série de alimentos desidratados que eu uso com regularidade e sugiro que você faça o mesmo. Os alimentos desidratados têm sabor concentrado e são ricos em nutrientes; alguns têm até propriedades medicinais (o shitake, por exemplo, traz muitos benefícios para a saúde, inclusive para o sistema imunológico). Os tomates secos, então, são indispensáveis: eles deixam os pratos mais saborosos e estimulam nossa criatividade na cozinha.

As algas, vegetais marinhos exóticos, costumam ser completamente ignoradas pela culinária ocidental, mas insisto que você as inclua no cardápio do dia a dia. Elas são excelentes fontes de minerais oferecidas pela natureza, são mais baratas do que suplementos multivitamínicos e saborosas. Uso as algas kombu, aramê, wakamê, nori, hijiki e ágar-ágar – elas têm boa durabilidade e, com certeza, você vai gostar de utilizá-las tanto quanto eu.

Deixei para falar das frutas desidratadas por último porque elas são, realmente, um caso à parte. Uvas-passas, damascos, tâmaras e ameixas não podem faltar: todas são ideais para lambiscar, usar em sobremesas e dar um toque especial a pratos salgados.

pães e doces

Farinha de trigo especial, farinha de trigo integral, farinha de painço, farinha de milho ou milharina, farinha de centeio... Na confeitaria vegana usamos todas elas, geralmente com fermento químico em pó e/ou bicarbonato de sódio. Para adoçar, sugiro xarope de agave ou de bordo, e às vezes açúcar demerara e açúcar mascavo. Também não podem faltar na despensa coco ralado, cacau em pó, chocolate vegano amargo e/ou meio amargo, canela e extrato de baunilha (e por que não favas de baunilha?). Com esses ingredientes, é possível preparar boas sobremesas veganas sem precisar ir atrás de doçuras pouco saudáveis.

amidos

Amido de milho, farinha de milho e araruta podem ser usados para engrossar sopas, cozidos (como o tradicional goulash) e várias sobremesas. Basta diluir em um pouco de água fria e adicionar ao final do preparo. Uso pouca quantidade do produto para engrossar caldos, cremes e molhos, apenas uma colher de chá ou o suficiente para dar consistência ao prato.

suplementos alimentares

Uma dieta vegana variada, preparada com alimentos integrais e livres de agrotóxicos, pode oferecer os nutrientes de que necessitamos e, se levarmos uma vida saudável, evitando o estresse, é bem provável que não precisemos de nenhum suplemento alimentar diário, exceto a vitamina B12, que devemos tomar durante três meses seguidos todos os anos. Quem come queijo, peixe ou ovos de vez em quando não precisa se preocupar muito, mas é recomendável medir os níveis de vitamina B12 a cada dois anos. Outro problema que todo vegano precisa encarar (e não veganos também) é a deficiência de ferro. Se seu exame de sangue apontar deficiência de ferro, sugiro que peça ao seu médico que lhe indique uma bebida não alcoólica rica em ferro ou um suplemento. Em caso de diagnóstico de anemia, procure saber se sua tireoide está em ordem e visite regularmente o médico.

alimentos perecíveis

Montei uma lista de alimentos que precisam ser mantidos sob refrigeração ou congelados, principalmente quando a temperatura sobe, caso contrário estragam.

hortaliças

Encha a gaveta da geladeira com o máximo de hortaliças orgânicas da estação! Cenoura, chuchu, abobrinha, berinjela, vagem e beterraba são muito usadas, mas não esqueça que aipo, nabo, rabanete também trazem benefícios à saúde e são muito versáteis. As raízes que se desenvolvem mais profundamente na terra são cheias de nutrientes, e nos dão força e estabilidade; os sabores adocicados e fortes enriquecem a nossa mesa (quem não gosta de batata-inglesa e de batata-doce?), E dá para imaginar uma cozinha sem cebola e alho? Essa dupla tem de ficar pertinho da tábua de corte! A abóbora e o repolho duram muito tempo, já as folhas verdes, (couve, espinafre, alface, rúcula, brócolis, etc.) são mais sensíveis, mas proporcionam minerais e vitaminas muito importantes e deveriam ser consumidos crus e/ou cozidos em todas as refeições! E a lista não estaria completa sem o todo-poderoso gengibre fresco, nosso melhor aliado no combate a resfriados, gripes e dores de estômago!

frutas

É um prazer inigualável comer frutas frescas da estação – de cultivo orgânico –, e fazer sobremesas deliciosas com elas! Prefira sempre as frutas regionais em vez das exóticas, que vêm de longe, atravessam longas distâncias até chegarem à nossa mesa – mas não precisa desprezá-las pois cereja de vez em quando e algumas frutas exóticas no verão podem dar um toque especial, trazendo variedade e frescor ao nosso cardápio.

leites vegetais

Os leites vegetais são indispensáveis e podem ser usados em muitas receitas. O leite de oleaginosas feito em casa (página 16) é o meu preferido, mas também compro os industrializados, eles são ótimos para preparar bolos, biscoitos e muitas delícias salgadas.

tofu e tempeh

O tofu e o tempeh são derivados de soja e quem é vegano os conhece bem. O tofu pode ser utilizado em receitas que pedem laticínios ou ovos, como a Pizza vegana versátil (página 66) ou o Mexido de tofu (página 35). O tempeh é uma proteína fermentada, feita a partir dos grãos de soja, de excelente qualidade. Ela confere um aroma maravilhoso e um sabor forte a muitos pratos, principalmente aos que servimos no inverno. Não é necessário consumir grandes quantidades de tofu e tempeh, bastam pequenas porções uma vez ou outra.

derivados de soja e condimentos

Para temperar os meus pratos costumo usar molho de soja fermentado naturalmente (shoyu ou tamari) e missô não pausterizado (tanto o claro como o escuro). Esses condimentos cheios de enzimas e ricos em nutrientes são muito saudáveis. Para enriquecer alguns preparos, utilizo caldo de legumes (em pó ou em tabletes), sempre orgânicos e sem aditivos, mas não acho que sejam essenciais, os pratos ficam deliciosos mesmo sem eles!

A mostarda de Dijon tem um lugar reservado na minha geladeira. Ela entra nas minhas marinadas, nos molhos para hortaliças e nas saladas.

Purê e massa de tomates ou tomates pelados intensificam o sabor de alguns pratos, por isso é bom tê-los na despensa.

purê de painço

O purê de painço é muito mais rico em nutrientes do que o bom e velho purê de batata, além disso, é incrivelmente saboroso e uma excelente guarnição. Esse purê pode ser feito somente com painço, mas eu costumo incluir hortaliças, como abóbora, alho-poró, couve-flor ou aipo, para enriquecer o sabor e diversificar o uso de hortaliças.

1-1½ xícara (150-225 g) de abóbora, alho-poró, couve-flor ou nabo

1 xícara (200 g) de painço

3 xícaras de água

½ colher (chá) de sal marinho

2 colheres (sopa) de azeite de oliva

pimenta-do-reino moída na hora

Rende de 2 a 4 porções

Se decidir usar abóbora ou nabo, descasque e corte em cubinhos. Se preferir couve-flor, lave e separe floretes miúdos ou pique; se escolher o alho-poró, lave bem e corte em rodelas finas.

Lave e escorra o painço e reserve. Em uma panela grande, coloque a água e leve ao fogo. Assim que ferver, ponha o painço. Assim que a água levantar fervura novamente, junte as hortaliças e tempere com sal. Reduza o fogo, tampe parcialmente a panela e deixe cozinhar por 15 minutos sem mexer. Tire a panela do fogo e deixe a mistura descansando por 5 minutos. Tempere com azeite e pimenta.

Bata com um míxer, enquanto está morno, até obter um purê. Se o purê esfriar e engrossar, acrescente água quente ou leite de vegetal suficiente, e bata de novo antes de servir.

seitan caseiro

O seitan é uma fonte de proteína maravilhosa e bastante acessível. Sem temperos o sabor é bem suave. Por ser muito versátil, eu o recomendo para enriquecer marinadas.

Para o seitan

1 kg de farinha de trigo especial

2½ xícaras de água quente

Para o caldo

5 xícaras de água

1 colher (sopa) de caldo de legumes em pó

1 colher (chá) de páprica doce

1 colher (chá) de pimenta calabresa em flocos

1 folha de louro

1 pedacinho de 5 cm de gengibre sem casca

½ colher (chá) de sal marinho

Misture a água e a farinha, amasse por 1 minuto e forme uma bola. Coloque a massa numa tigela grande e cubra com água morna. Deixe-a de molho por 30 minutos. Apoie um escorredor ou uma peneira sob uma tigela grande e reserve. Lave a massa em água corrente, sem parar de sovar, alternando água quente e fria. Quando a água sair limpa, a massa vai começar a se separar, por isso coloque a tigela com a peneira no fundo da pia, para recolher na tigela o glúten que vai se soltar da massa. Depois de 10 minutos, você deve obter uma bola de glúten de uns 400-450 g.

Coloque todos os ingredientes do caldo em uma panela grande e leve ao fogo. Junte o seitan, tampe a panela e deixe cozinhar por cerca de 40 minutos. Deixe o seitan esfriar no líquido do cozimento. Você pode usar imediatamente ou guardar na geladeira (mergulhado no caldo do cozimento) em recipiente tampado. O prazo de validade é de 12 dias, a contar do preparo, sob refrigeração. Seque o seitan antes de cortar ou marinar (página 23).

como cozinhar arroz integral

Tenho por hábito usar o arroz cateto integral, mas o modo de preparo vale para qualquer tipo de arroz: agulha, cateto, basmati... Não é imprescindível, mas, dependendo do arroz, costumo deixá-lo de molho de véspera – a água da demolha eu aproveito para o cozimento.

1 xícara de arroz cateto integral
2 xícaras de água
sal marinho a gosto

Numa panela comum, junte a água e o arroz e leve ao fogo. Assim que começar a ferver, acrescente o sal e tampe parcialmente a panela. Não é preciso mexer o arroz durante o cozimento, mas fique de olho para que não queime (lembre que o líquido pode evaporar mais rápido em dias quentes). Acrescente mais água, se necessário. Cozinhe por 40 minutos, afofe o arroz e sirva em uma tigela grande.

o básico

leite vegetal caseiro

Fazer leite de oleaginosas ou de sementes em casa traz uma boa economia. Além disso, obtém-se uma bebida superior em termos nutritivos, com todas as enzimas intactas e sem conservantes (bem diferente do leite vegetal comprado no supermercado).

1 xícara de oleaginosas ou sementes de sua preferência
2 xícaras de água para demolhar
4 xícaras de água para misturar
gaze ou coador de pano
3 tâmaras ou 2 colheres (sopa) de xarope de agave (opcional)
¼ de colher (chá) de extrato de baunilha (opcional)

Comece na véspera: coloque as oleaginosas ou as sementes de molho na água. Se estiver com pressa, deixe de molho por cerca de 1 hora. Escorra, dispensando a água, e lave bem.

Coloque as oleaginosas ou sementes demolhadas no liquidificador com a água restante. Bata em velocidade alta por cerca de 2 minutos ou até obter um líquido homogêneo e sem grumos. Passe a mistura pela gaze ou coador de pano, recolhendo o líquido em uma tigela grande ou jarra. Esprema a gaze ou o coador para retirar o máximo possível de leite. O resíduo que restar na gaze pode ser usado para enriquecer vitaminas, massas de bolo ou de biscoito e tem validade de 2 a 3 dias, sob refrigeração. Esse resíduo também pode ser desidratado, é só espalhar em uma assadeira e colocar no forno em temperatura bem baixa; a farinha obtida pode ser misturada em massas de pão, bolo ou biscoito.

O leite cru de oleaginosas ou de sementes tem um sabor bem suave. Para torná-lo mais palatável para as crianças, misture algumas tâmaras ou ameixas sem caroço, xarope de agave ou de bordo ou, ainda, extrato de baunilha.

Esse leite pode ser conservado por até 2 dias na geladeira, mas sempre recomendo prepará-lo e consumi-lo imediatamente. Os meus leites preferidos são os preparados com amêndoas, avelãs, nozes e sementes de girassol e de abóbora.

queijo vegetal

Queijos de oleaginosas e sementes substituem com vantagem os laticínios em geral e os queijos convencionais. A receita que escolhi para compartilhar com você é uma das melhores que consegui. O rejuvelac, obtido na primeira etapa de execução da receita, é uma bebida energética excelente; portanto, aproveite as propriedades desse refresco rico em enzimas quando se sentir cansado.

Para iniciar o queijo (rejuvelac)

¼ de xícara de centeio germinado (uma pontinha de broto é suficiente)
2 xícaras de água

Coloque o centeio germinado e a água em uma jarra. Cubra a boca da jarra com papel toalha ou gaze e guarde em um local aquecido e livre de vento por 48 horas, ou até que a mistura fique fermentada e amarga. No inverno, é preciso manter a mistura perto de um aquecedor ou deixá-la fermentando por pelo menos 1 semana em temperatura ambiente. Escorra, conserve o líquido e descarte a parte sólida. Em vez de grãos de centeio, você pode usar espelta (é difícil conseguir, mas vale a pena procurar), painço sem casca, trigo-sarraceno e até mesmo arroz integral.

Para o queijo

2 xícaras de oleaginosas ou sementes demolhadas de véspera
½ xícara de rejuvelac
2 dentes de alho amassados
¼ de colher (chá) de sal marinho
2 colheres (sopa) de azeite de oliva
gaze

Escorra as oleaginosas e dispense o líquido. Coloque-as no liquidificador ou no processador. Adicione o rejuvelac, o alho, o sal e o azeite e bata até obter uma mistura homogênea. Forre uma peneira com duas camadas de gaze, despeje a mistura e deixe descansar em um ambiente com temperatura quente por 24 a 48 horas. Depois, dê a forma desejada (em

o básico

geral, eu viro a peneira num prato), e cubra com uma gaze limpa. Outra opção mais simples é embrulhar o prato com um pedaço de filme de PVC. Mantenha sob refrigeração por 24 horas antes de servir. Esse é um queijo macio, que pode ser conservado na geladeira por cerca de 10 dias. Sirva com crackers (página 79), pão (página 27) e com hortaliças. Em pizzas (página 66) pode ser acrescido antes ou depois de assar a massa. O alho é opcional. Acrescentando outros temperos, como pimenta-do-reino moída na hora, orégano, tomilho, páprica, etc., esse queijo ganha sabores irresistíveis.

Minha combinação preferida são amêndoas sem pele e castanhas de caju, mas sementes de girassol com castanhas de caju também se harmonizam, mesmo que o queijo não fique perfeitamente branco. Experimente também usar somente macadâmia, o resultado é surpreendente!

soffritto

Uma maneira muito simples de dar mais sabor aos pratos é ter sempre à mão um saboroso soffritto (em italiano, soffriggere significa fritar vagarosamente). Ao refogar hortaliças aromáticas, como cebola, nabo, salsão e cenoura, use uma panela com fundo grosso.

5 colheres (sopa) de azeite de oliva

2/3 de xícara de cebola cortada em fatias finas

1 cenoura média cortada em fatias finas ou 1/2 xícara de polpa de cenoura

1/2 xícara de salsão cortado em fatias finas

1/4 de colher (chá) de sal marinho

3 dentes de alho amassados

1/4 de colher (chá) de orégano seco

tomilho ou manjericão a gosto

Aqueça o azeite de oliva em panela com fundo grosso em fogo médio. Junte a cebola, a cenoura e o salsão. Tempere com o sal, mexa e cozinhe com a panela tampada por 10 a 15 minutos ou até as hortaliças ficarem macias e soltarem seus aromas (cuidado para não deixar que escureçam). Acrescente o alho e as ervas e refogue por mais 1 ou 2 minutos e está pronto para servir!

Experimente substituir o salsão por pimentão, alho-poró ou erva-doce, assim você conseguirá um soffrito diferente do outro.

Você vai ver que eu uso o soffrito em várias receitas deste livro. Muitos dos meus cozidos, recheios, ragus, sopas e molhos devem todo seu gosto a essa base simples e muito saborosa de hortaliças aromáticas, cujo segredo é: escolha bons ingredientes e cozinhe lentamente!

o básico

mexidinho vegano

Esta receita é ótima para rechear diferentes hortaliças e depois assá-las ou cozinhá-las; o resultado é esplêndido, simplesmente delicioso. A combinação de proteína, vegetais e grãos faz deste mexidinho uma refeição completa. Comprove isso, experimentando rechear pimentões (página 50), tomates, abobrinhas e berinjelas além de charutinhos de repolho, rolinhos de papel arroz e rolinhos primavera.

250 g de tofu, seitan ou tempeh

4 colheres (sopa) de óleo de girassol ou azeite de oliva

⅓ de xícara de cebola cortada em rodelas finas

uma pitada de pimenta vermelha em pó

½ colher (chá) de gengibre em pó

¼ de colher (chá) de cúrcuma em pó

1 colher (chá) de ervas de Provence

3 colheres (chá) de shoyu

300 g de grãos integrais cozidos (arroz integral, painço, quinoa, etc.)

2 colheres (sopa) de aveia em flocos grossos

sal marinho e pimenta-do-reino moída na hora

Coloque o tofu ou o tempeh em uma prato e amasse com um garfo. Se for usar seitan, coloque num processador e use a lâmina em forma de S para picar bem. Aqueça o óleo em uma frigideira, em fogo baixo. Frite a cebola até ficar translúcida. Acrescente os temperos secos e as ervas e cozinhe por mais um minuto. Adicione o shoyu e aumente o fogo. Depois que o shoyu estiver bem incorporado, junte os grãos cozidos e a aveia e misture bem. Tempere com sal e pimenta a gosto. Quando ficar com a consistência de um risoto, desligue o fogo. Deixe a mistura amornar e use a gosto. Lembre que a mistura vai inchar durante o cozimento, por isso não coloque recheio demais nas hortaliças.

Este mexidinho pode ser preparado com um ou dois dias de antecedência. Quando feito com tempeh ou seitan, pode ser congelado. Lembre que o tofu não pode ser congelado.

como marinar e fritar tofu, seitan e tempeh

Para deixar cozidos, ragus, molhos e outros pratos ainda mais gostosos, é essencial marinar e fritar o tofu, o seitan e o tempeh com antecedência, assim eles pegam bem o sabor do tempero e ainda ganham uma crosta apetitosa e crocante. O tofu, o seitan e o tempeh marinados devem ser usados como base de pratos mais complexos (você vai encontrar várias receitas neste livro). Lembre sempre que os condimentos, as ervas e o tipo de azeite podem ser adaptados ao seu paladar.

290 g de tofu, seitan ou tempeh cortado em cubinhos de 2 cm x 2 cm

Para a marinada

4 colheres (chá) de tamari

1 colher (chá) de azeite de sua preferência (ou azeite aromatizado, ou óleo de gergelim tostado)

2 colheres (chá) de água

2 colheres (chá) de mostarda de Dijon (opcional)

2 colheres (chá) de ervas secas ou os temperos escolhidos moídos

2 dentes de alho amassados

um punhado de farinha de trigo especial ou de farinha de painço

1 xícara de óleo de girassol para fritar

Coloque os cubinhos de tofu, seitan ou tempeh em uma tigela. Ponha todos os ingredientes da marinada em um vidro com tampa. Feche o vidro e agite. Despeje a mistura sobre os cubinhos e misture para envolver todos eles. Se a marinada ficar muito espessa, dilua um pouco acrescentando de 1 a 2 colheres (chá) de água (ou o suficiente para temperar todos os cubinhos). Cubra a tigela com filme de PVC e deixe marinar em temperatura ambiente por pelo menos 30 minutos. Essa marinada pode ser preparada na véspera e conservada na geladeira.

Coloque um pouco de farinha em uma tigela e passe os cubinhos, um a um. Envolva bem cada pedacinho com a farinha, mas sem remover a marinada. Retire o cubinho da tigela e movimente-o na palma da mão para retirar o excesso de farinha.

Forre uma bandeja ou um prato grande com folhas de papel-toalha para retirar o excesso de gordura do tofu, do seitan ou do tempeh depois de fritos. Costumo usar uma panela pequena para fritar os cubinhos aos poucos. Se preferir fritar quantidades maiores, use uma frigideira grande, mas evite fritar todos os cubinhos de uma vez. Para conferir se o óleo está quente o suficiente, coloque um cubinho; se borbulhar, a gordura está no ponto. Frite os cubinhos por cerca de 1 a 2 minutos ou até dourarem levemente. Coloque sobre o papel-toalha para a gordura ser absorvida. Além de enriquecer vários preparos, use esses cubinhos como aperitivo, acrescente em saladas, no lugar de croûtons, ou monte espetinhos, intercalando com pedaços de hortaliças cruas ou grelhadas.

o básico

dois tipos de massa de pizza

Selecionei dois tipos de massa de pizza para você escolher, dependendo de suas preferências de farinha e de leveduras – e do tempo disponível. Ambas são saborosas e ficam com a borda crocante depois de assadas.

Massa básica com fermento biológico

Para a esponja

¼ de xícara de farinha de centeio

¼ de xícara de água morna

2 colheres (chá) de fermento biológico seco (sem aditivos)

Para a massa

1½ xícara de farinha de trigo integral, mais um pouco para sovar

¼ de xícara de farinha de centeio

½ colher (chá) de sal marinho

½ xícara de água morna

1 colher (sopa) de azeite

1 colher (sopa) de leite de soja

uma assadeira de 40 cm x 32 cm bem untada

Rende uma pizza de 29 cm de diâmetro

Massa básica com fermento químico

1¾ de xícara de farinha de trigo integral ou farinha de painço (se quiser uma massa sem glúten)

1½ colher (chá) de fermento químico em pó

½ colher (chá) de sal marinho

2 colheres (sopa) de azeite

½ xícara de água morna

uma assadeira de 40 cm x 32 cm bem untada

Rende uma pizza de 27 cm de diâmetro

Massa básica com fermento biológico

Comece pela esponja: misture todos os ingredientes em uma tigela, cubra e deixe descansar por 30 minutos.

Enquanto isso, misture as farinhas e o sal em uma tigela e reserve.

Coloque a água, o azeite e o leite em uma jarra. Junte a mistura da esponja e misture bem. Despeje o conteúdo da jarra nos ingredientes secos, aos poucos, e misture com uma colher de pau.

Coloque a massa em uma superfície enfarinhada e sove por alguns minutos (acrescente mais farinha, se necessário, mas lembre que a massa deve ficar grudenta e macia). Coloque-a em uma tigela grande untada com azeite e passe um pouco de azeite na massa. Cubra a tigela com um pano de prato e deixe a massa descansar por 2h30 em um local aquecido e livre de vento. Sove a massa e deixe crescer por mais 45 minutos. Preaqueça o forno a 240 °C. Forre a superfície de trabalho com um pedaço de papel-manteiga. Coloque a massa sobre o papel e, com a ajuda de um rolo, estique delicadamente formando um círculo com cerca de 29 cm de diâmetro. Transfira o círculo para a assadeira e espalhe a cobertura desejada. Reduza a temperatura do forno para 220 °C e asse a pizza na grade inferior por 12 a 15 minutos.

Massa básica com fermento químico

Em uma tigela, misture a farinha, o fermento em pó e o sal. Acrescente o azeite e incorpore os ingredientes usando um batedor. Aos poucos, acrescente a água e sove a mistura com uma das mãos até obter uma massa macia e firme. Sove a massa por alguns minutos (acrescente mais farinha se a massa estiver grudenta, isso vai depender da qualidade da farinha). Embrulhe a massa com filme de PVC e deixe descansar por 30 minutos em temperatura ambiente. Preaqueça o forno a 240 °C. Forre a superfície de trabalho com um pedaço de papel-manteiga. Desembrulhe a massa e coloque sobre o papel. Com a ajuda de um rolo, estique delicadamente formando um círculo com cerca de 27 cm de diâmetro. Transfira o círculo para a assadeira, espalhe a cobertura desejada. Reduza a temperatura para 220 °C e asse a pizza na grade inferior por 12 a 15 minutos.

pão sem glúten

Esta é uma das muitas variações do que eu chamo de "pão ideal": a massa é deliciosa e não contém glúten nem fermento biológico, portanto, não é preciso sová-lo nem esperar que cresça. Esse pão se mantém fresco por vários dias! Nesta receita você pode usar leite vegetal e também as sobras da coadura do leite (página 16); o pão ganhará uma ótima textura e um sabor levemente frutado. Outra possibilidade é usar cerveja clara em vez de água gaseificada para dar aroma e sabor maltados ao pão.

1 xícara de flocos de painço

2½ xícaras de farinha de painço

3 colheres (chá) de fermento químico em pó

1½ colher (chá) de sal marinho

1¾ xícara de água mineral com gás (ou cerveja)

1 colher (sopa) de azeite de oliva

1 colher (chá) de vinagre de maçã

2 colheres (sopa) de sementes de sua preferência (abóbora, gergelim, girassol, linhaça)

uma fôrma de pão de 23 cm x 12 cm

termômetro de forno (opcional)

Rende cerca de 14 fatias

Para os croûtons

3 colheres (sopa) de azeite de oliva

2 colheres (sopa) de água

¼ de colher (chá) de sal marinho ou tamari

1 colher (chá) de ervas secas a gosto

3 fatias de pão sem glúten (ver receita acima) cortadas em cubos

uma assadeira de 23 cm x 30 cm bem untada

Rende 3 porções

Preaqueça o forno a 220 °C. Em uma tigela, misture bem os flocos de painço, a farinha, o fermento e o sal. Coloque a água com gás, o azeite de oliva e o vinagre em uma jarra e despeje sobre os ingredientes secos, mexendo vigorosamente com uma espátula até obter uma massa mole e um tanto grudenta.

Forre a fôrma de pão com uma folha de papel-manteiga sem deixar dobras. Espalhe 1 colher (sopa) de sementes. Despeje a massa na fôrma e polvilhe o restante das sementes.

Veja se o forno está a uma temperatura de 200 °C – utilize um termômetro de forno para conferir exatamente a temperatura – e coloque o pão para assar.

Quando estiver assado e ligeiramente dourado, retire o pão do forno. Vire a fôrma sobre uma grade, retire cuidadosamente o papel e deixe esfriar sobre a grade (isso evita que a massa absorva umidade, conservando a crosta crocante). Depois de frio, embrulhe o pão em um pano de prato e guarde em local fresco e seco por até 5 dias.

Para fazer croûtons, preaqueça o forno a 180 °C.

Em uma tigela suficientemente grande, misture o azeite de oliva, a água, o sal marinho e as ervas. Coloque os cubinhos de pão e misture para envolver o pão na mistura. Espalhe os cubinhos em uma assadeira e leve ao forno, em temperatura média, por cerca 30 minutos ou até ficarem levemente dourados e crocantes. De 5 minutos em 5 minutos, abra o forno e revire os croûtons para que assem por igual. Assim que saem do forno, os croûtons estão macios, mas, não se preocupe, eles vão ficar crocantes quando esfriarem.

Observação: se quiser croûtons bem crocantes, adicione mais azeite à mistura com ervas.

o básico

café da manhã

e brunch

suco alcalino verde

Firme um compromisso com você: passe a cuidar mais de sua saúde e adquira um espremedor e uma centrífuga. Começar o dia com um elixir de verduras e frutas preparado na hora vai trazer mais energia e mudar radicalmente a sua vida!

5 a 6 maçãs médias cortadas em pedaços

1 repolho orgânico pequeno grosseiramente picado

2 romãs médias

quatro punhados de folhas verdes (couve, espinafre, ramas da cenoura, salsinha, etc.)

½ limão-siciliano orgânico

15 g de gengibre fresco

1½ xícara de água filtrada

1 colher (chá) de óleo de linhaça, de coco ou outro à sua escolha

Lave as frutas e as folhas. Corte a romã em gomos e retire as sementes. Descasque o limão e o gengibre. Coloque todos os ingredientes na centrífuga e bata. Dilua o líquido obtido com a água. Para conseguir uma bebida isotônica e reidratante, recomendo diluir o suco nesta proporção: 1 parte de suco para 3-4 partes de água filtrada. Antes de tomar, junte o óleo (isso vai fazer com que todas as vitaminas solúveis em óleo sejam absorvidas), mexa e consuma imediatamente. Se sobrar, conserve na geladeira por no máximo 12 horas.

Rende 1,4 litro

milk-shake de cacau

Combinando cacau e verduras, este milk-shake não oferece apenas energia, ele garante a ingestão de uma boa quantidade de clorofila, que tem propriedades antioxidantes e anti-inflamatórias e é fonte de magnésio.

2 xícaras de leite vegetal (página 16)

1 colher (sopa) de cacau em pó

6 tâmaras macias ou 1 banana madura sem casca

¼ de colher (chá) de essência de baunilha

dois bons punhados de folhas verdes (couve, espinafre, escarola, etc.)

Coloque todos os ingredientes na centrífuga ou no liquidificador e bata na velocidade máxima. Experimente o suco e adoce a gosto: para deixar mais doce, acrescente mais tâmaras; para acentuar o aroma e torná-lo mais energizante, cacau em pó. Dependendo da estação, adicione morangos, frutas vermelhas, maçãs, uvas ou outras frutas adocicadas – varie para fazer sucos diferentes (e sempre maravilhosos)!

Rende de 1 a 2 copos

suco de cenoura, beterraba e romã

Sempre incluo alimentos ricos em ferro no meu cardápio. A beterraba é rica em ferro mas tem um sabor forte, por isso gosto de combiná-la com outras hortaliças (como a cenoura, que é fonte de vitamina A) e frutas (a romã é uma excelente fonte de vitamina C) que ajudem a absorção do ferro pelo organismo.

6 cenouras médias
2 beterrabas médias
2 romãs médias
1 xícara de água filtrada
1 colher (chá) de óleo de linhaça

Rende de 1 a 2 copos

Lave bem as cenouras e as beterrabas, pois elas são usadas com casca. Corte as romãs em pedaços e retire as sementes. Transfira-as para o liquidificador e bata, adicionando a água aos poucos. Acrescente o óleo, pulse e sirva o suco imediatamente.

Se sobrar, guarde na geladeira e consuma em até 12 horas. Em vez de romã, use laranja ou limão-siciliano. O repolho roxo pode substituir a beterraba e vai dar um tom arroxeado vivo à bebida.

frapê de morango e coco

A água de coco é uma excelente fonte dos eletrólitos necessários para uma boa hidratação. Costumo ter um estoque de água de coco orgânica para preparar vitaminas, milk-shakes e frapês, como este, que leva também leite e manteiga de oleaginosas, morangos maduros, tâmaras e gotinhas de limão.

1 xícara de água de coco
2 xícaras de leite vegetal (página 16)
3 xícaras (400 g) de morangos frescos, lavados e sem os cabinhos
1 colher (sopa) de manteiga de oleaginosas (ou manteiga de sementes)
8 tâmaras macias descaroçadas
gotas de limão-siciliano

Rende 2 copos

Coloque todos os ingredientes no liquidificador e bata até a mistura ficar espumante. Beba imediatamente!

Você pode usar as frutas da estação. Frutas vermelhas frescas ou congeladas, maçãs ou damascos maduros combinam perfeitamente com água de coco e leite de oleaginosas. Para adoçar ainda mais seu frapê, acrescente frutas desidratadas.

Se não encontrar manteiga de oleaginosas (como avelãs ou amêndoas), substitua por 2 colheres (sopa) de oleaginosas tostadas e finamente moídas.

café da manhã e brunch

mexido de tofu

Todos que provaram o Mexido de tofu aprovaram. A consistência é muito parecida com a de ovos mexidos... até o sabor é semelhante! Não, para ser franca, este mexido é muito melhor! Você pode acrescentar as hortaliças de sua preferência (shitakes e aspargos frescos são perfeitos para mim), ervas e temperos variados. Costumo preparar o mexido numa wok de ferro, mas você pode usar uma frigideira com fundo grosso.

2 xícaras (150 g) de shitakes frescos

4 colheres (sopa) de azeite de oliva

1 xícara de cebola fatiada em meia-lua fininha

½ colher (chá) de sal marinho

1 xícara de pontas de aspargos

2 colheres (sopa) de tamari

½ colher (chá) de cúrcuma em pó

300 g de tofu fresco amassado com um garfo

4 colheres (sopa) de água, se necessário

1 colher (chá) de óleo de gergelim tostado

½ colher (chá) de manjericão seco ou 2 colheres (sopa) de manjericão fresco picado

pimenta-do-reino moída a gosto

Rende de 2 a 3 porções

Limpe os cogumelos com papel-toalha, corte em lâminas e reserve. Aqueça o azeite em uma wok ou frigideira com fundo grosso. Junte a cebola e o sal, e salteie rapidamente em fogo médio.

Adicione os shitakes, os aspargos, o tamari e a cúrcuma. Mexa com duas colheres de madeira. Quando os cogumelos absorverem um pouco do tamari, aumente o fogo, junte o tofu e mexa por mais 1 a 2 minutos. O mexido deve ficar com um tom amarelado uniforme. Nesse ponto, observe a mistura: se você usou um tofu macio, não é preciso acrescentar água, mas, se a mistura estiver esfarelada, acrescente a água para umedecer o mexido e cozinhe por mais 1 a 2 minutos.

Em uma molheira, misture o óleo de gergelim e o manjericão e tempere a gosto. Sirva o mexido quente, acompanhado do molho de óleo de gergelim, salada e torradas de pão caseiro.

mingau de chia fácil e nutritivo

Finalmente a chia, um "antigo superalimento americano", foi redescoberta. Rica em cálcio e ácidos graxos ômega-3 e 6, ela se assemelha à linhaça e ao gergelim em termos nutricionais e deveria ser consumida diariamente. Um mingau de chia pode satisfazer qualquer comilão por muitas horas!

pouco menos de 1 xícara de leite vegetal (página 16)

uma pitada de sal marinho

uma pitada de canela em pó

¼ de xícara de chia

2 colheres (sopa) de uvas-passas ou outras frutas desidratadas

2 colheres (sopa) de oleaginosas mistas sem sal torradas

frutas frescas à sua escolha (opcional)

Rende 1 porção

Coloque o leite vegetal em uma panelinha junto com o sal e a canela e leve ao fogo até ficar morno. Desligue o fogo e coloque as sementes e as uvas passas no leite. Deixe de molho por 10 minutos.

Pique grosseiramente as oleaginosas. Lave, seque e descasque (se for o caso) as frutas. A seguir, corte em fatias ou pique. Coloque o mingau em uma tigela, junto com uma colherada de frutas frescas. Salpique as oleaginosas e sirva a seguir.

Avelãs, nozes e castanhas torradas em casa, sem sal, são mais saudáveis e podem enriquecer mingaus, bolos, biscoitos e saladas. Experimente carregar um punhadinho delas na bolsa para "enganar" a fome repentina.

barrinhas de pura energia

Tenho sempre uma reserva de barrinhas na minha geladeira. Embrulhadas uma a uma, é só pegar e comer sem culpa no café da manhã, no lanche da tarde ou no lugar da sobremesa. Você pode prepará-las sem glúten – é só usar painço em flocos e a oleaginosa de sua preferência. Experimente também acrescentar suco de laranja (e um pouco de raspas da casca) e cacau, uma combinação clássica que agrada a todos.

2 bananas maduras

1 colher (sopa) de suco de limão-siciliano

3 colheres (sopa) de óleo de coco

raspas da casca de 1 limão-siciliano orgânico

15 damascos secos picadinhos

1 colher (chá) de rum (opcional)

2¼ xícaras de aveia em flocos finos

¼ de colher (chá) de canela em pó

½ colher (café) de extrato de baunilha (opcional)

3 colheres (sopa) de cacau em pó

uma pitada de sal marinho

uma assadeira rasa de 18 cm x 18 cm

Rende 8 barrinhas

Descasque, depois amasse as bananas com um garfo e coloque em um prato. Regue com o suco de limão. Acrescente o óleo de coco, as raspas de limão, o damasco e o rum e misture bem. Em uma tigela grande, junte a aveia em flocos, a canela, a baunilha, o cacau e o sal. Junte a mistura de bananas aos ingredientes secos e misture bem até obter uma massa granulosa e grudenta.

Forre a assadeira com o filme de PVC e espalhe a massa, apertando com a mão ou com uma espátula. Forme uma camada uniforme com cerca de 1,5 cm de altura. Cubra a massa com filme de PVC e deixe na geladeira de um dia para o outro (ou no mínimo por 2 horas). Desenforme e corte 8 barrinhas iguais. Embrulhe uma a uma e consuma durante a semana!

sanduíches de tofu frito

Os sanduíches veganos podem ser consumidos no café da manhã, no lanche e até nas refeições principais. Se os ingredientes forem bem escolhidos, você vai ingerir os nutrientes necessários. Para um sanduíche ter boa qualidade, além de um pão saboroso, deve ter uma proteína, de preferência bem condimentada, maionese ou algo similar, e pelo menos uma hortaliça fresca. São quatro itens que resultam em infinitas combinações!

Para o recheio

240 g de tofu, seitan ou tempeh marinado e frito (página 23)

4 colheres (sopa) de Maionese de sementes de girassol e castanhas de caju (página 103), ou Chutney de berinjela e tâmaras (página 108), ou Dip de pimentão assado (página 108)

picles fatiado ou kimchi a gosto

dois punhados de alface ou outra folha verde

4 colheres (sopa) de brotos de alfafa

Rende 2 porções

Siga as instruções e faça meia receita do Pão sem glúten da página 27 (é só usar a metade dos ingredientes). Utilize o mesmo tamanho de fôrma de pão indicada na receita, para assar um pão mais fino, que possa ser cortado ao meio. Deixe o pão esfriar completamente antes de dividi-lo em quatro pedaços.

Para preparar o tofu, seitan ou tempeh, corte quatro fatias de 10 cm x 6 cm com 6 mm de espessura. Marine e frite as fatias de seguindo as instruções (página 23). Doure as fatias de ambos os lados. Não use muito óleo, apenas o suficiente para cobrir o fundo da panela

Divida cada pedaço ao meio, no sentido do comprimento, para rechear. Espalhe a maionese em uma das metades, coloque 1 fatia de tofu seitan ou tempeh frito, um pouco de picles, a salada e os brotos e cubra com a outra metade. Sirva a seguir ou embrulhe cada sanduíche separadamente em filme de PVC e mantenha na geladeira até a hora de servir. Dependendo da ocasião, faça sanduíches menores.

strudel de batata picante

Quer uma receita para agradar comensais enjoados e convidados céticos? Prepare este strudel, um prato que reúne duas coisas que todo mundo adora: batatas e massa folhada!

6 folhas de massa filo (35 cm x 30 cm)

⅔ de xícara de água

½ xícara de óleo de girassol

4 batatas grandes descascadas

1½ xícara de cebola cortada em fatia

¼ de colher (chá) de sal marinho

¼-½ colher (chá) de pimenta-do-reino

1½ colher (chá) de caldo de vegetais em pó

uma assadeira de 23 cm x 30 cm bem untada com óleo de girassol

Rende 4 porções

Pelo menos 30 minutos antes de fazer o strudel, tire a massa filo da geladeira. Isso vai evitar que as folhas fiquem demasiadamente quebradiças. Coloque uma folha de massa sobre uma superfície limpa e seca. Enquanto você trabalha, mantenha as folhas restantes cobertas com um pano de prato limpo e úmido para não ressecarem. Em uma tigela pequena, misture 3 colheres (sopa) de água e 4 colheres (sopa) de óleo. Pincele ligeiramente a folha com a mistura de óleo e água e cubra com outra folha da massa.

Corte 2 batatas em fatias bem finas e rale as outras duas. Em uma tigela grande, misture a batata e a cebola. Tempere com sal e pimenta. Divida a mistura em 3 porções iguais (cerca de 220 g cada uma).

Preaqueça o forno a 180 °C. Esquente o restante da água e junte o caldo de legumes.

Espalhe uma porção de recheio de batata na beirada inferior de 2 folhas de massa filo, formando uma tira de recheio de 6 cm de comprimento. Deixe uma borda de 2 cm de cada lado para dobrar e segurar o recheio. Enrole o strudel com cuidado. Vire para a abertura ficar escondida e dobre as bordas para baixo. Acomode na assadeira untada. Depois de enrolar os 3 strudels, pincele com o óleo. Com uma faca afiada, faça 4 cortes em cada strudel para dividi-los em 4 porções iguais. Despeje um pouco de caldo de legumes e leve a assadeira ao forno. Depois de 10 minutos, abra o forno e despeje mais um pouco de caldo. Repita até acabar o caldo. Ao todo, o strudel assa em cerca de 25 a 30 minutos. O recheio deve ficar macio e suculento e a massa, dourada e crocante. Sirva quente ou em temperatura ambiente com uma farta salada ou uma porção de iogurte vegetal.

panquecas de cebola

Quando não tenho pão caseiro e preciso de algo para servir com uma sopa ou um cozido, preparo rapidamente estas panquecas! A maciez da cebola e a massa ligeiramente crocante combinam perfeitamente, acompanham qualquer prato e fazem bonito como prato principal (sirva junto uma farta salada e um molho bem rico em sabores).

1½ xícara de farinha de trigo integral ou de farinha de painço

½ xícara de água quente

3 colheres (chá) de água fria

2 colheres (sopa) de azeite de oliva, mais um pouco para pincelar e fritar

¾ de xícara de cebola cortada em fatias finas

¼ de colher (chá) de orégano

1 colher (sopa) de óleo de gergelim tostado

1 colher (chá) de sal marinho

3 cebolinhas bem picadas

Rende 4 panquecas

Coloque a farinha numa tigela e despeje a água fervente. Misture bem, acrescente a água fria e trabalhe até obter uma massa uniforme. Coloque a massa em uma superfície enfarinhada e trabalhe até ficar macia, isso deve levar cerca de 4 minutos. Se a massa estiver grudenta, coloque mais farinha na superfície de trabalho e nas mãos. Embrulhe a massa em filme de PVC e reserve. Deixe descansar em temperatura ambiente por 30 minutos.

Aqueça o azeite em uma frigideira e salteie a cebola. Tempere com o orégano. Quando a cebola estiver translúcida, retire do fogo e junte o óleo de gergelim, o sal e a cebolinha.

Divida a massa em 4 partes iguais. Modele 4 panquecas com 15 cm de diâmetro e pincele ambos os lados com óleo.

Divida a mistura de cebola entre as 4 panquecas e espalhe. Enrole as panquecas, apertando bem o recheio e, a seguir, gire sobre a mesa formando um caracol. Aperte o caracol com um rolo de abrir massa, dando uma forma circular de uma panqueca grossa, 5 a 6 mm de espessura. Aqueça a frigideira (de preferência de ferro) em fogo médio. Pincele o fundo com 1 colher (chá) de azeite e prepare uma panqueca por vez, até dourar ligeiramente de ambos os lados. Antes de servir, corte cada panqueca em 4 pedaços. Sirva com sopas, ensopados, molhos, saladas, dips e patês.

pratos principais e comidinhas reconfortantes

curry de tofu e chapatis

Esta é minha receita preferida com curry. Use um curry especialíssimo para marinar e fritar o tofu como eu recomendo – ele faz uma enorme diferença no sabor e na textura do prato; e sempre que o ofereço a meus convidados, todos se derretem em elogios.

290 g de tofu fresco cortado em cubinhos de 2 cm x 2 cm

5 colheres (sopa) de óleo de girassol, de coco ou azeite de oliva

4 dentes de alho amassados

1½ xícara de cebola cortada em cubos

2 colheres (sopa) de gengibre fresco ralado

2 colheres (chá) de curry em pó (em pasta ou a mistura de especiarias de sua preferência)

½-¼ de colher (chá) de pimenta vermelha em pó

1 colher (chá) de cúrcuma em pó

1 colher (sopa) de extrato de tomate

½ colher (chá) de sal marinho

1¼ xícara de água

1 colher (chá) de amido de milho

2 colheres (sopa) de coentro, salsinha ou cebolinha picadinhos

Para os chapatis

1 xícara de farinha de trigo integral

1 xícara de farinha de trigo comum

½ colher (chá) de sal marinho

2 colheres (sopa) de óleo de girassol

½ xícara mais 1 colher (sopa) de água morna

Rende de 2 a 3 porções

Para preparar o tofu, veja as instruções na página 23. Para cada 2 colheres (chá) de ervas secas ou especiarias em pó escolhidas, acrescente 1 colher (chá) de curry em pó, ½ colher (chá) de coentro em pó e ½ colher (chá) de cominho em pó. Marine e frite o tofu seguindo as instruções.

Em uma frigideira grande que tenha tampa, aqueça o óleo e frite o alho, a cebola e o gengibre em fogo médio até que comecem a soltar os aromas. Acrescente as especiarias, a massa de tomate e o sal e espere dourar. Junte o tofu marinado e deixe refogar um pouco. Despeje a água e tampe a frigideira. Quando ferver, mexa novamente, abaixe o fogo e cozinhe por 5 a 10 minutos. Acrescente mais água se for necessário. Dilua. No final do cozimento, acrescente o amido de milho em água fria ao curry, mexendo com cuidado. Assim que levantar fervura, esse delicioso prato está pronto! Decore com as ervas escolhidas e sirva com arroz basmati e/ou chapatis (veja a seguir).

Em uma tigela grande, misture as farinhas, o sal e o óleo com um batedor. Acrescente a água aos poucos, amassando sempre, até obter uma massa elástica. Para conseguir chapatis de boa qualidade é preciso trabalhar bastante a massa. Se necessário, acrescente um pouco mais água ou farinha de trigo comum. Embrulhe a massa em filme de PVC e deixe descansar por 15 minutos. Sobre uma superfície de trabalho, divida a massa em 10 porções iguais e enrole em pequenas bolas. Passe cada bolota de massa na farinha e abra, com um rolo, discos com 13 a 15 cm de diâmetro. Para evitar que a massa grude, enfarinhe a superfície de trabalho. Aqueça uma frigideira de inox ou de ferro fundido em fogo médio. Coloque um disco de massa. Quando começarem a aparecer bolhas na superfície, vire. Espere as bolhas aparecerem novamente, vire de novo e deixe o disco na frigideira mais um pouquinho (cuidado para não queimar a massa). Aperte levemente a beirada do chapati com uma luva de forno, ele deve estufar no meio. Prepare os demais chapatis da mesma maneira e sirva a seguir.

pimentão recheado cozido em molho de tomate

Este prato traz as boas lembranças da minha infância. Algumas famílias costumam assar os pimentões recheados, mas em minha casa eles sempre são cozidos em molho de tomate, esse é o segredo para deixá-los suculentos e muito mais saudáveis!

7 pimentões amarelos miúdos

1 porção do Mexidinho vegano (página 20)

1 xícara de tomates sem sementes picados e escorridos

4 xícaras de água

2 folhas de louro

1 colher (chá) de sal marinho

1-2 colheres (sopa) de amido de milho (opcional)

2 colheres (sopa) de salsa fresca picadinha

uma panela funda com 20 cm de diâmetro

Rende de 3 a 4 porções

Corte a parte superior dos pimentões com cuidado e tire as sementes. Recheie cada um com aproximadamente ⅔ de xícara do Mexidinho vegano. Arrume os pimentões em uma panela alta com a parte recheada para cima, assim o recheio não escapa durante o cozimento. Acrescente o tomate e água suficiente para cobrir os pimentões, as folhas de louro e o sal. Tampe a panela e leve ao fogo. Assim que levantar fervura, reduza o fogo e cozinhe em fogo brando até que os pimentões estejam macios. Isso deve levar aproximadamente 25 minutos. Com a ajuda de uma colher, retire com cuidado os pimentões e coloque-os nos pratos de servir. Apure o molho em fogo médio. Se quiser engrossá-lo, despeje o amido de milho diluído em água fria, mexendo sempre, até obter a consistência desejada. Despeje uma concha de molho nos pimentões e decore com salsinha picada. Eu costumo servir esse prato com Purê de batata (página 75) ou Purê de painço (página 14).

Observação: Você pode usar pimentões de uma só cor ou de cores variadas. Procure escolher pimentões miúdos e do mesmo tamanho – os graúdos vão precisar de mais recheio e mais tempo para cozinhar. Você também tem de escolher uma panela funda, nem muito grande nem muito pequena, que acomode bem os pimentões, em pé, para o recheio não escapar, e os ingredientes do molho.

goulash de seitan e cogumelos

Em dias frios, nada mais convidativo do que meu Goulash de seitan com nhoque cremoso: essa combinação vai reconfortar o corpo e a alma. De vez em quando, preparo este prato usando somente cogumelos e substituo o seitan por tempeh ou tofu. O Nhoque vegano (página 75) é o acompanhamento mais do que perfeito, mas você pode substituí-lo por arroz integral (página 15), Purê de painço (página 14), purê de batata ou polenta.

Para o seitan

2 xícaras de seitan cortado em cubinhos de 2 cm x 2 cm

Para o goulash

½ xícara de funghi porcini ou outro cogumelo desidratado

1½ xícara de água

5 colheres (sopa) de óleo de girassol ou de gergelim

1¼ xícara de cebola picadinha

½ colher (chá) de sal marinho

½ colher (chá) de alecrim seco e moído

2 folhas de louro

1 colher (chá) de páprica doce

uma pitada de pimenta-do-reino moída na hora ou pimenta vermelha em pó

tamari a gosto

⅓ xícara de vinho tinto

1½ colher (chá) de amido de milho

2 colheres (sopa) de salsinha fresca

arroz integral cozido (página 15) para acompanhar

Rende de 2 a 3 porções

Para preparar o seitan, siga as instruções da página 23. Além das 2 colheres (chá) de ervas secas ou especiarias em pó de sua preferência, acrescente 1 colher (chá) de alecrim, ½ colher (chá) de páprica doce e ½ colher (chá) de pimenta-do-reino. Marine o seitan e frite-o conforme as instruções.

Coloque os cogumelos de molho na água por 30 minutos. Escorra, reservando a água em uma tigela, e pique os cogumelos.

Em uma frigideira grande, aqueça o óleo em fogo médio. Frite a cebola com sal até que fique translúcida. Acrescente as ervas, as especiarias, o tamari e, mexendo sempre, espere que tudo fique levemente dourado. Junte os cogumelos e refogue por 1 a 2 minutos. Despeje o vinho e cozinhe em fogo brando por mais um minuto. Acrescente os cubos de seitan fritos e a água dos cogumelos. Tampe a panela e, assim que levantar a fervura, mexa novamente, reduza o fogo e deixe cozinhar por 5 a 10 minutos. Dilua o amido de milho em um pouco de água fria e acrescente ao goulash, mexendo sempre, e espere ferver de novo. Sirva o goulash decorado com salsinha e o acompanhamento escolhido.

pratos principais e comidinhas reconfortantes

hambúrguer e batata-doce assada

Sempre que faço hambúrguer vegano, as pessoas me bombardeiam com perguntas: Como você faz para os hambúrgueres não desmancharem? Por que seus hambúrgueres não ficam encharcados de óleo? Como você consegue essa crostinha? Confesso, fazer um bom hambúrguer vegano não é fácil, mas desvendo todos os segredos nesta receita, que costumo servir com gomos de batata-doce douradinhos em vez de batatas fritas.

¾ de xícara de polpa de hortaliças ou hortaliças raladas (página 13)

⅓ de xícara de cebola picada

3 dentes de alho amassados

1 colher (chá) de tempero para churrasco

¼ de colher (chá) de páprica

¼ de colher (chá) de cúrcuma

uma pitada de pimenta vermelha em pó a gosto

4 colheres (sopa) de salsinha e cebolinha bem picadinhas

3⅓ xícaras de arroz integral cozido (página 15) em temperatura ambiente

¾ de colher (chá) de sal

farinha de trigo para empanar

óleo de girassol para fritar

pepino em conserva, rodelas de cebola vermelha e Maionese de tofu (página 103) para servir

Para a batata-doce

2 batatas-doces grandes sem casca cortadas em gomos

4 colheres (sopa) de óleo de girassol

¼ colher (chá) de páprica doce

½ colher (chá) de orégano

sal e pimenta-do-reino a gosto

Rende de 4 a 5 porções

Comece preparando o hambúrguer. Coloque todos os ingredientes em uma tigela (exceto a farinha e o óleo). Amasse com as mãos até que tudo esteja bem misturado e o arroz comece a grudar. Isso vai evitar que o hambúrguer desmanche e absorva muito a gordura. Acerte os temperos, se necessário – lembre que o hambúrguer deve ter um sabor marcante. Deixe a massa descansar por 30 minutos. Umedeça as mãos, modele os hambúrgueres (a massa deve render cerca de 14 hambúrgueres pequenos), passe pela farinha de trigo e reserve.

Em uma frigideira funda despeje óleo até atingir 3 cm de altura. Leve ao fogo e aqueça até o óleo começar a se movimentar. Para saber se a temperatura está correta, coloque um pouco da mistura na frigideira: se ela começar a ferver imediatamente, está no ponto. Frite os hambúrgueres aos poucos. Quando dourar, tire com uma escumadeira e coloque sobre folhas de papel-toalha para absorver o excesso de gordura. Os hambúrgueres devem ficar com uma crosta fina e dourada e suculentos por dentro (eles engorduram levemente os dedos).

Preaqueça o forno a 200 °C. Cozinhe a batata-doce em uma panela com água fervendo por 5 minutos. Escorra e seque bem e coloque em uma tigela. Em um vidro, coloque os demais ingredientes, tampe e agite bem. Despeje essa mistura em cima dos gomos e envolva-os por igual. Forre uma assadeira com papel-alumínio, acomode o rack e espalhe os gomos de batata-doce. Asse por 20 a 25 minutos ou até ficarem dourados e crocantes.

Sirva os hambúrgueres com os gomos de batata-doce quentes. Coloque os picles, a cebola e a maionese em cumbucas para os convidados se servirem à vontade e bom apetite!

feijão de forno à moda da Macedônia

Cremoso, com sabor agradável e exótico são algumas das qualidades que tornam esta receita simplesmente perfeita! Se você pensa que é um prato para dias frios, engano seu, ele pode ser saboreado em qualquer estação do ano, em qualquer dia da semana!

2 xícaras do feijão escolhido (carioca, jalo ou até mesmo feijão-branco)

3 cenouras pequenas cortadas em pedacinhos

4 metades de tomate seco

2 pimentas-malagueta pequenas

1 pedaço pequeno de kombu

2 folhas de louro

3 cebolas pequenas

4 colheres (sopa) de azeite de oliva

3 dentes de alho

1 colher (sopa) de páprica doce em pó

1 colher (sopa) de caldo de legumes em pó

½ colher (chá) de orégano

2 colheres (sopa) de shoyu

1 colher (sopa) de vinagre de maçã

2 colheres (sopa) de farinha de trigo

sal marinho a gosto

uma panela de pressão

um refratário de 35 cm x 25 cm aproximadamente

Rende de 3 a 4 porções

Deixe o feijão de molho em água fria por uma noite. Na hora de preparar, escorra dispensando a água. Em uma panela de pressão, coloque o feijão e água até ultrapassar 4 cm dos grãos. Acrescente a cenoura, o tomate seco, a pimenta, o kombu e o louro. Tampe a panela e leve ao fogo. Quando a panela começar a chiar, reduza o fogo e cozinhe por 50 a 60 minutos. Se preferir uma panela comum, assim que ferver, cozinhe por 60 a 90 minutos ou até que o feijão fique macio. Vá tirando a espuma, que se forma durante o cozimento e, se necessário, acrescente mais água fria.

Enquanto o feijão cozinha, pique 2 cebolas. Corte a terceira em rodelas e reserve. Aqueça o azeite em uma panela com fundo grosso, coloque a cebola picada e frite até que fique translúcida. Junte o alho, a páprica, o caldo de legumes e o orégano e refogue por 1 a 2 minutos. Despeje o shoyu, o vinagre e a farinha e mexa vigorosamente para misturar os ingredientes e tostar ligeiramente a farinha – isso aumenta o sabor e a consistência desse prato. Acerte o sal.

Aqueça o forno a 200 °C. Quando o feijão estiver macio e cremoso, retire as folhas de louro e a pimenta (se preferir o feijão bem picante, deixe a pimenta). Mantenha a panela em fogo alto e coloque a mistura de farinha tostada aos poucos, mexendo sempre, até incorporá-la ao feijão – o ideal é que o caldo fique mais espesso e cremoso do que habitualmente. Acerte o sal. Despeje o feijão em um refratário e decore com as rodelas de cebola reservadas. Leve ao forno por 30 a 40 minutos ou até formar uma crosta fina e a cebola dourar. Sirva quente acompanhado de pão, chapatis (página 49) ou tortilhas (página 62) e uma boa salada.

terrina de lentilhas à moda mediterrânea

Rica em textura e sabor, esta é a escolha ideal para um jantar com amigos que criticam o veganismo! A lentilha e a mistura de hortaliças podem ser servidas em uma sopeira, com o líquido do cozimento, ou de uma forma inédita: em fatias.

1 xícara (200 g) de lentilhas lavadas e escorridas

1⅓ xícara de água fria

2 folhas de louro

1 pedaço (4 cm) de kombu

½ colher (chá) de sal marinho

três punhados de acelga, espinafre ou couve

5 colheres (sopa) de azeite de oliva

6 dentes de alho amassados

¾ de xícara de cebola picada

½ colher (chá) de alecrim seco e moído ou de ervas de Provence

pimenta-do-reino moída na hora a gosto

2 colheres (chá) de mostarda de Dijon

2 colheres (chá) de suco de limão-siciliano

½ xícara de farinha de amêndoas (páginas 16-17) ou ⅓ de xícara de farinha de rosca, mais um pouco para salpicar

fôrma para pão de 12 cm x 15 cm untada com óleo vegetal

Rende 4 porções

Em uma panela grande, coloque as lentilhas, a água, as folhas de louro e o kombu e leve ao fogo alto sem tampar. Quando ferver, acrescente mais ½ xícara de água fria, depois reduza o fogo e cozinhe por aproximadamente 10 minutos. Coloque mais ½ xícara de água fria, tampe a panela e cozinhe em fogo brando por mais 10 minutos. As lentilhas devem ficar completamente cozidas, macias e quase sem líquido. Acrescente o sal e retire o louro e o kombu. Pique o kombu em cubinhos e junte às lentilhas. Passe as folhas verdes em água fervente por 2 minutos, depois escorra e pique.

Aqueça o azeite em uma frigideira, em fogo médio, e acrescente o alho, a cebola, as ervas secas e a pimenta-do-reino a gosto. Refogue até a mistura começar a soltar seus aromas. Acrescente as lentilhas, a mostarda e o suco de limão e misture (nesse ponto, o preparo já pode ser servido em uma sopeira). Para dar continuidade, junte a farinha de amêndoas.

Preaqueça o forno a 200 °C. Disponha a mistura de lentilhas na fôrma, sem enchê-la. Pincele com azeite, salpique a farinha de amêndoas e asse por 30 minutos ou até formar uma linda crostinha dourada. Deixe esfriar por 20 minutos. Desenforme o preparo com cuidado, corte em fatias e sirva. Se preferir, os convidados podem se servir diretamente da fôrma, às colheradas. Para acompanhar, ofereça Molho de cebola (página 104), Purê de painço (página 14) e uma salada de folhas verdes variadas.

moussaka de lentilhas

Vivi um tempo na Grécia durante minha adolescência. As iguarias de lá me conquistaram, especialmente a moussaka. Você deve estar pensando: esse prato não é vegano! Não tem importância, depois de aprender a receita original criei a minha versão.

Para a camada de lentilha
1½ xícara (300 g) de lentilhas lavadas e escorridas
4 xícaras de água fria
1 pedaço de 6 cm de kombu
1 folha de louro

Para a camada de batatas e berinjelas
2 berinjelas grandes
1 colher (chá) de sal marinho
650 g de batatas médias
½ xícara de óleo de girassol para fritar
1½ xícara de Molho de tomate bem temperado (página 99) ou Falso molho ao sugo (página 100)

Para o bechamel vegano
¼ de xícara de azeite de oliva
4 colheres (sopa) de farinha de trigo integral ou farinha de painço
2½ xícaras de leite de soja
1 colher (sopa) de missô claro (opcional)
1 colher (chá) de sal marinho
uma pitada de noz-moscada ralada na hora
pimenta-do-reino moída na hora (a gosto)
um refratário (23 cm x 30 cm com 12 cm de altura) untado com óleo de girassol

Rende de 4 a 6 porções

Em uma panela, coloque a lentilha, 3 xícaras de água, o kombu e a folha de louro e leve ao fogo destampada. Quando levantar fervura, tampe parcialmente a panela e cozinhe em fogo médio por cerca de 15 minutos. Junte mais ½ xícara de água fria e cozinhe por 20 minutos. Junte o restante da água fria e cozinhe por mais 20 minutos, em fogo alto, ou até a lentilha se transformar em um purê granuloso e espesso. Retire o kombu, pique bem fino e coloque novamente na lentilha. Retire a folha de louro.

Enquanto a lentilha cozinha, lave as berinjelas e corte, no sentido longitudinal, em fatias de 3 mm de espessura. Coloque em um escorredor grande e salpique metade do sal, mexa e deixe descansar por pelo menos 15 minutos. Seque os pedaços de berinjela com papel-toalha. Descasque as batatas e corte, no sentido longitudinal, em fatias finas. Seque-as com papel-toalha.

Em uma frigideira antiaderente grande, aqueça 1 colher (sopa) de óleo em fogo médio. Frite as fatias de berinjela, uma a uma, até dourarem de ambos os lados. Coloque a berinjela sobre folhas de papel-toalha e reserve. A berinjela absorve muita gordura, mas procure usar somente uma colher (sopa) de óleo por fatia. Coloque o restante do óleo na frigideira (deve cobrir bem o fundo) e frite as batatas, 3 fatias por vez, até que fiquem douradas de ambos os lados. Depois de fritas, tempere com o restante do sal.

Preaqueça o forno a 180 °C. Cubra o fundo do refratário untado com fatias de batata. A seguir, espalhe camadas seguindo esta ordem: metade das lentilhas, metade das fatias de berinjela, molho de tomate, mais uma camada de berinjela e por último uma de batatas (se sobrarem). Finalize com o purê de lentilhas.

Prepare o bechamel. Leve uma frigideira ao fogo médio, coloque o azeite e a farinha de trigo, mexendo sem parar até a mistura dourar levemente. Despeje o leite de soja aos poucos, sem parar de mexer. Espere ferver ou até a mistura virar um molho espesso e liso. Junte o missô (não é essencial, mas dá um aroma adocicado muito particular). Tempere com o sal, a noz-moscada e pimenta-do-reino a gosto. Bata vigorosamente com um fouet e despeje o molho sobre as lentilhas, espalhando por igual com uma espátula. Asse por 40 minutos ou até formar uma crosta dourada.

pratos principais e comidinhas reconfortantes

tacos veganos

Eu me recuso a comprar tortilhas prontas, a quantidade de ingredientes me assusta! Prefiro tortilhas feitas com fubá orgânico de ótima qualidade. Quando provo minhas tortilhas com recheios saborosos e picantes, entendo por que tantas pessoas preferem tacos a sanduíches!

Para as tortilhas

- 2 xícaras de fubá orgânico
- 1 xícara de farinha de trigo integral e mais um pouco para amassar
- 1 colher (chá) de sal marinho
- 1 colher (chá) de fermento químico em pó
- 3 colheres (sopa) de óleo de girassol
- 1 xícara de água morna

Para o recheio

- 1¾ de xícara do feijão cozido de sua preferência
- 4 colheres (sopa) de azeite de oliva
- 1 cebola grande picada
- 4 dentes de alho amassados
- ¼ de colher (chá) de sal marinho
- 1 pimentão vermelho médio picadinho
- 1 colher (chá) de cominho em pó
- ¼ de colher (chá) de pimenta vermelha em pó (ou a gosto)
- 1 colher (chá) de orégano
- 2 colheres (sopa) de shoyu
- 1 colher (sopa) de vinagre de maçã
- 1 colher (sopa) de xarope de milho ou de agave
- 2 colheres (sopa) de água
- 1 xícara de milho verde em conserva lavado e escorrido
- ½ xícara de coentro e cebolinha picados

Rende de 2 a 4 porções

Para fazer as tortilhas, misture todos os ingredientes secos em uma tigela grande. Acrescente o óleo e, trabalhando a massa, despeje a água aos poucos, até obter uma bola de massa macia. Enfarinhe uma superfície de trabalho e trabalhe mais um pouco a massa. Junte mais farinha, se necessário. Forme 2 rolos de massa, cubra com um pano úmido e deixe descansar no forno desligado e com luz acesa por pelo menos 15 minutos. Tire os rolos do forno e divida cada um em 4 a 5 pedaços iguais. Com um rolo, estenda a massa, formando tortilhas não muito finas do tamanho de um prato de sobremesa. Polvilhe as tortilhas com farinha e reserve (não empilhe as tortilhas). Preaqueça uma frigideira de inox ou de ferro fundido por mais ou menos 30 segundos e coloque uma tortilha. Quando começar a inchar, vire e cozinhe por mais 30 segundos. Conserve as tortilhas prontas cobertas com um pano limpo seco para mantê-las quentes e evitar que ressequem.

Para fazer o recheio, amasse ¾ de xícara do feijão cozido com um garfo até formar um purê espesso e reserve. Em uma frigideira, aqueça o azeite e refogue a cebola e o alho. Coloque o sal. Junte o pimentão picadinho, o cominho, a pimenta e o orégano. Refogue por 10 minutos, mexendo de vez em quando. Junte o shoyu, o vinagre e o xarope de milho e espere ferver. Acrescente o fubá, o feijão amassado e o restante do feijão e a água. Agregue os ingredientes em fogo médio. Desligue o fogo, junte o milho verde, o coentro e a cebolinha picados. Acerte o tempero, se necessário.

Divida o recheio entre as tortilhas (rende de 6 a 8 tortilhas). Sirva mornas, acompanhadas de uma salada bem temperada, Molho de abacate para macarrão (página 107) ou Molho de tomate bem temperado (página 99).

torta de polenta

Existem várias receitas de polenta, mas resolvi incluir uma diferente neste livro. Como dá para perceber, o visual provoca o paladar, e o sabor crocante carrega os sabores de verão. Na verdade, esta receita foi inspirada em uma torta flambada que experimentei em um pequeno restaurante em uma ilha alemã no mar do Norte. Espero que todos apreciem a minha versão vegana e sem glúten!

3 xícaras de água
½ colher (chá) de sal
1 xícara de flocos de milho pré-cozidos
1 abobrinha ralada
⅓ de xícara de cebola picada
½ xícara de tofu defumado ralado fino
sal marinho e pimenta-do-reino moída na hora
tomates-cereja firmes e graúdos a gosto
azeite de oliva para servir
½ colher (chá) de manjericão
manjericão fresco para decorar
refratário ou assadeira (35 cm x 25 cm) untado com óleo de girassol

Rende de 2 a 3 porções

Preaqueça o forno a 200 °C. Em uma panela, coloque a água, o sal e os flocos de milho. Misture e leve ao fogo. Assim que levantar fervura, reduza para fogo baixo, tampe a panela e deixe cozinhar por 15 minutos. Não é necessário mexer. Salgue levemente a abobrinha, deixe descansar por 5 minutos e depois esprema para retirar o líquido. Junte a abobrinha, a cebola e o tofu defumado à polenta e misture bem. Acerte o sal e coloque pimenta a gosto. Transfira a mistura para o refratário e alise com uma espátula ou com as mãos molhadas. Corte os tomates em fatias de 5 mm e deixe escorrer um pouco. Distribua as fatias de tomate sobre a polenta e regue com um fio de azeite. Misture o manjericão seco com sal e pimenta a gosto. Salpique a polenta e leve ao forno por 20 a 25 minutos ou até dourar e os tomates ficarem murchos mas não muito secos. Quando esfriar, corte a polenta em fatias e distribua entre os pratos e regue com azeite. Para deixar esse prato mais suculento, sirva com um pouco de Molho de tomate bem temperado (página 99) ou Falso molho ao sugo (página 100). Decore com manjericão fresco.

Você pode variar esse preparo substituindo o tomate por fatias bem finas de abobrinha ou berinjela ou, ainda, tirinhas de pimentão vermelho. Bom apetite!

pizza vegana versátil

A combinação de dois tipos de massa de pizza, dois tipos de molho vermelho e dois tipos de "queijo" vegano pode render 8 tipos de pizza! Além de cebola, azeitonas, cogumelos, orégano e manjericão, sugiro usar o Queijo vegetal (páginas 16-17), tofu ao limão e um mix de arroz que, com a medida certa de especiarias, fica com sabor e consistência de cream cheese.

1 receita de Massa básica com fermento biológico ou Massa básica com fermento químico (página 24)

½ porção de Molho de tomate bem temperado (página 99)

ingredientes de sua preferência: azeitonas descaroçadas, cebola cortada em rodelas fininhas, cogumelos cortados em lâminas, etc. para a cobertura

1 colher (sopa) de azeite de oliva

1 colher (chá) de orégano

Para o Cream cheese de tofu

¾ de xícara de arroz integral cozido (página 15)

200 g de tofu fresco

½ xícara de cebola picadinha

4 colheres (sopa) de azeite de oliva

1 colher (sopa) de umeboshi em conserva

vinagre a gosto ou 2 colheres (chá) de umeboshis em conserva amassadas

sal marinho a gosto

uma assadeira (40 cm x 32 cm) untada com óleo de girassol

Rende uma pizza com 27 cm de diâmetro

Para preparar o Cream cheese de tofu, coloque todos os ingredientes no processador e bata até obter um creme liso. Se precisar, acrescente um pouco de água, aos poucos, até obter a consistência de cream cheese. Acerte o sal (lembre que a pasta de umeboshi é salgada). Eu recomendo deixar esse queijo descansar na geladeira por 24 horas, antes de usá-lo. Experimente substituir o azeite por óleo de gergelim ou tahine.

Siga as instruções para fazer e abrir a massa de pizza (página 24). Coloque o disco de pizza na assadeira, espalhe o molho de tomate. A seguir, espalhe algumas colheradas de Cream cheese de tofu ou do Queijo vegetal (páginas 16-17) e os complementos escolhidos. Regue com um fio de azeite e salpique orégano. Asse conforme instruções da página 24.

Eu asso pizzas na grade inferior, mas, se você prefere a massa mais crocante, asse na grade do meio.

antepastos, petiscos e lanches

sushi vegano

Não há razão para pensar que o sushi é um prato complicado da culinária japonesa e proibido para veganos. Seguindo minhas orientações, é possível preparar makis (a folha de nori fica do lado de fora) e Califórnia rolls (a folha de nori fica na parte interna do rolo) genuinamente veganos.

Para o recheio
½ xícara de sementes de girassol tostadas ou 4 colheres (sopa) de tahine

3 colheres (sopa) de pasta de umeboshi em conserva (é só amassar algumas ameixas)

1 colher (sopa) de óleo de gergelim torrado

Para o sushi
4 folhas de nori para sushi

2⅔ xícaras de arroz integral cozido (página 15)

2 pepinos em conserva médios cortados no sentido do comprimento (ou outros picles: cenoura, couve-flor, nabo, etc.)

1 cenoura grande cortada em palitos finos

4 talos de cebolinha (só a parte verde) lavados e secos

Para o molho
2 colheres (sopa) de suco de gengibre fresco

2 colheres (sopa) de tamari

4 colheres (sopa) do líquido dos picles ou água

2 colheres (sopa) de gergelim tostado

pasta de wasabi para servir
esteira para enrolar sushis

Rende 32 unidades

Prepare o recheio. Num processador, triture as sementes e acrescente a pasta de umeboshi e o óleo de gergelim. Esse recheio fica muito salgado e não deve ser consumido puro!

Encha uma tigela com água morna para molhar as mãos e enrolar os sushis. Coloque uma folha de nori na esteira, com o lado brilhante virado para baixo. Umedeça as mãos e espalhe por igual ¾ de xícara do arroz sobre a nori, deixando uma margem de 1 cm na parte de cima, para facilitar o trabalho de enrolar e fechar.

Para fazer os makis, arrume as tiras de picles, de cenoura e a cebolinha sobre o recheio (não exagere, caso contrário os sushis ficam muito grandes). Comece a enrolar pela parte inferior, prendendo bem os legumes. À medida que você enrolar, vá apertando a esteira com firmeza.

Antes de servir, divida cada rolo em 8 pedaços iguais (rende 32 makis).

Para fazer Califórnia rolls, cubra a esteira com de filme de PVC e coloque a folha de nori por cima. Umedeça as mãos e espalhe por igual 1 xícara de arroz. Vire cuidadosamente a nori, de modo que o arroz fique virado para o lado do filme de PVC. Coloque uma colherada do recheio, no centro, no sentido da largura. Arrume o pepino em conserva, as tiras de cenoura e a cebolinha. Comece a enrolar pela parte inferior, apertando com firmeza até o fim. Cuidado para não enrolar o filme plástico junto! Aperte o sushi, ainda dentro da esteira com as mãos. Desembrulhe antes de servir e corte o sushi em 8 pedaços iguais. Passe cada pedaço no gergelim tostado.

Para fazer o molho para acompanhar os makis, misture o suco de gengibre, o tamari e a água ou o líquido dos picles. Na hora de comer, é só umedecer o maki nesse molho e a seguir passá-lo no gergelim tostado. Os California rolls são servidos sem molho, mas podem ser acompanhados com porções extras de pasta wasabi, que dão a eles um sabor picante inigualável!

antepastos, petiscos e lanches

canapés de abobrinha e nozes

Fresco, crocante e bem recheado, estes canapés não vão passar em branco! Minha avó ficou chocada quando eu lhe servi abobrinha crua – normalmente essa hortaliça é demasiadamente cozida! Hoje, minha avó aprecia muito estes canapés e, com certeza, a abobrinha crua vai surpreender seus familiares e amigos!

1 abobrinha média cortada em rodelas, na diagonal, de 3 mm

½ xícara de brotos de alfafa ou outro à sua escolha

sal marinho, se necessário

1 xícara de nozes picadas

2 colheres (sopa) de salsinha picada

4 metades de tomate seco deixadas de molho, secas e picadas

½ colher (chá) de páprica doce

uma pitada de pimenta vermelha em pó

suco de ½ limão-siciliano

um pouco de leite de amêndoas

Rende 20 canapés

Reserve os ingredientes líquidos, as rodelas de abobrinha e os brotos. Coloque os demais ingredientes em um processador e bata até obter uma pasta. O recheio deve ficar espesso o suficiente para ser espalhado e permanecer firme na fatia de abobrinha. Se precisar, acrescente um pouco de leite de amêndoas ou de suco de limão até acertar o ponto. Prove e acerte o sal e demais temperos.

Seque cuidadosamente cada fatia de abobrinha com papel-toalha. Coloque de 1 a 2 colheres (chá) do pasta sobre cada fatia e decore com um pouquinho de brotos. Sirva imediatamente, pois o sal faz com que a abobrinha solte água.

Se sobrar um pouco de recheio, não se preocupe: conserve sob refrigeração, por cerca de 1 a 2 dias. Sirva com seus chips preferidos.

72 antepastos, petiscos e lanches

croquete de painço

Sobrou purê de painço? Eu sempre preparo mais purê do que vou precisar e aproveito para fazer deliciosos croquetes decorados com tirinhas de nori.

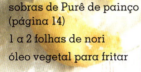

sobras de Purê de painço (página 14)

1 a 2 folhas de nori

óleo vegetal para fritar

Rende de 2 a 4 porções

Para fazer croquetes, o purê deve estar frio. Umedeça as mãos na água e modele croquetes com cerca de 6 cm. Não se preocupe se ficarem um pouco moles pois, depois de fritos, eles ficam com uma casquinha firme. Corte a folha de nori em tiras de 10 cm x 1 cm. Enrole a tira em volta do croquete. Para fechar, é só umedecer as pontas da nori com água. Frite por imersão, em óleo bem quente (cuidado para não queimar nem o óleo nem os bolinhos). Coloque sobre folhas de papel-toalha para retirar o excesso de gordura. São bons tira-gostos e ainda podem substituir os tradicionais croûtons como acompanhamento para sopas e saladas.

purê de batata e nhoque vegano

Você não precisa de ovos para fazer nhoque, como comprovo aqui. Se você quiser servir um prato simples, prepare apenas a primeira parte da receita, que é um purê muito cremoso!

500 g batatas (cerca de 3 unidades graúdas)

⅓ de xícara de leite vegetal

2 colheres (sopa) de margarina não hidrogenada

¾ de colher (chá) de sal

uma pitada de noz-moscada ralada na hora

uma pitada de pimenta-do-reino moída na hora

1 xícara mais 2 colheres (sopa) de farinha de trigo integral, para o nhoque

sal marinho a gosto

azeite de oliva, alho cortado em lâminas frito, pimenta-do-reino moída na hora e folhas de sálvia frescas para finalizar

Rende 2 a 3 porções

Lave e descasque as batatas. Corte em rodelas, coloque em uma panela e cubra com água e leve ao fogo. Assim que a água ferver, reduza o fogo e cozinhe por 15 minutos ou até a batata ficar macia. Escorra e deixe esfriar um pouco. Amasse a batata com um espremedor. Aqueça o leite junto com a margarina. Quando a margarina derreter, tempere com sal, noz-moscada e pimenta a gosto. Despeje a mistura de leite no purê, bata e sirva a seguir.

Com mais alguns ingredientes, prepare um delicioso nhoque. Junte metade da farinha de trigo ao purê e misture até obter uma massa lisa e macia. Coloque a massa sobre uma superfície de trabalho previamente enfarinhada. Vá acrescentando farinha aos poucos, até a massa desgrudar das mãos.

Forme 3 cordões e coloque-os sobre uma bandeja enfarinhada. Cubra com filme de PVC e leve à geladeira por 30 minutos. Em uma panela grande, ferva água com um pouco de sal. Enquanto isso, tire a massa da geladeira e corte bolinhas de uns 3 cm. Cozinhe os nhoques aos poucos, na água fervente, por 3 a 5 minutos ou até flutuar. Escorra e sirva em seguida. Para finalizar, regue com azeite. Decore com alho frito, pimenta-do-reino e folhas de sálvia.

tomatinhos-cereja recheados com pesto de espinafre

Por causa do sabor refrescante e da combinação do vermelho brilhante e do verde intenso, estas pequenas e delicadas porções chamam a atenção! Servidas como entrada ou como petiscos, vão atrair os olhos e o paladar dos convidados.

20 tomates-cereja

2 bons punhados de folhas de espinafre lavadas e secas

2/3 de xícara de sementes de girassol levemente tostadas

4 colheres (sopa) de azeite de oliva

2 dentes de alho

1 colher (chá) de suco de limão-siciliano, para evitar que o preparo oxide

1 a 2 colheres (sopa) de água, se necessário

sal marinho a gosto

Rende 20 unidades

Lave e seque os tomates. Corte uma fatia bem fina na base do tomate (o suficiente para não rolarem no prato). Corte o lado de cima e retire cuidadosamente as sementes (cuidado para não danificar os tomates). Vire-os de cabeça para baixo para escorrer o líquido.

Para preparar o pesto, coloque todos os ingredientes no processador e bata até formar uma pasta grosseira. Se necessário, junte um pouco de água. O pesto deve ficar com grânulos, mas cremoso o suficiente para ser colocado às colheradas dentro dos tomatinhos.

Recheie os tomates com cuidado e sirva imediatamente sobre um leito de folhas de alface ou brotos lavados e secos.

Em vez de espinafre, você pode usar outras folhas verdes ou ervas, como a hortelã. Amêndoas, pignoli, avelãs, castanhas de caju ou gergelim podem substituir as sementes de girassol; use o que você tiver à mão.

crackers de trigo-sarraceno

O trigo-sarraceno é um grão muito saudável, mas pouco utilizado. Acho que vale a pena descobrir novos usos para ele, como em crackers, que vão bem como aperitivo acompanhados com chutney (página 108) ou um saboroso soffritto (página 19) preparado com legumes da estação.

½ xícara de trigo-sarraceno

⅔ de xícara de sementes de girassol

1 xícara de legumes ralados ou sobras de polpa de legumes

¾ de colher (chá) de sal marinho

1 pimentão vermelho médio sem semente

½ xícara de cebola picadinha

½ colher (chá) de orégano seco

¼ de colher (chá) de tomilho seco

¼ de colher (chá) de manjericão seco

2 colheres (sopa) de farinha de linhaça

3 colheres (sopa) de azeite de oliva

½ xícara de suco de vegetais ou água

grelha ou assadeira (40 cm x 32 cm)

Rende 15 porções

Preaqueça o forno a 180 °C. Coloque todos os ingredientes na tigela da batedeira e bata em velocidade alta até formar uma massa grossa pesada. Corte um pedaço de papel-manteiga com o mesmo tamanho da grelha ou da assadeira e coloque em uma superfície de trabalho. Deposite algumas colheradas de massa sobre o papel-manteiga e espalhe formando um grande retângulo com 3 mm de espessura. Posicione a grelha ou a assadeira junto à beirada da superfície de trabalho e deslize o papel para dentro dela. Coloque a grelha ou assadeira na grade central do forno e reduza a temperatura para 100 °C. Mantenha a porta do forno semiaberta com a ajuda de uma colher de pau ou de pano dobrado. Isso vai permitir que o trigo-sarraceno desidrate corretamente. Deixe desidratar por 2 a 3 horas.

Tire o papel-manteiga da grelha ou da fôrma e corte crackers com um cortador de pizza, no tamanho desejado. Se desejar biscoitos mais crocantes, recoloque os crackers na grelha ou na assadeira, sem papel, e desidrate por mais 30 minutos. Eu prefiro crackers macios, mas secos conservam-se mais tempo. Sirva com chutney ou com os acompanhamentos escolhidos.

falafel de sementes

Meu falafel favorito não leva grão-de-bico, não é frito, é incrivelmente fácil de fazer! Estes bolinhos, perfeitos para lanches e aperitivos, combinam com vários preparos, como saladas, legumes cozidos e sopas. A massa crua pode ser conservada na geladeira por alguns dias, assim você pode incluir sementes de uma forma inusitada em sua alimentação!

1 xícara de sementes de abóbora

1 xícara de sementes de girassol

½ xícara de nozes

5 colheres (sopa) de salsinha picada

5 metades de tomate seco deixadas de molho, escorridas e picadas

2 dentes de alho amassados

3 colheres (sopa) de azeite de oliva

suco de ½ limão-siciliano

1 colher (chá) de orégano

sal marinho e pimenta-do-reino moída na hora a gosto

1 colher (sopa) de água, se necessário

Rende 24 unidades

Em um processador, coloque as sementes de abóbora e de girassol e bata até obter uma farinha fina. Não bata muito tempo, senão a farinha de sementes vira manteiga. Triture bem as nozes; elas vão garantir ao falafel uma textura crocante. Transfira a farinha de sementes para uma tigela e junte os demais ingredientes, exceto a água. Misture com as mãos ou com uma espátula. Prove e acerte o tempero (lembre que o falafel deve ter um sabor acentuado). Pegue um punhadinho de massa com uma das mãos, aperte e abra a mão: se ficar compacta está suficientemente úmido, se esfarelar, acrescente água, aos poucos, misture novamente e repita o teste.

Modele falafels do tamanho de uma noz e sirva. A massa pode ser guardada sob refrigeração dentro de um recipiente com tampa. Você vai ver que a massa de falafel é um grande quebra-galho na geladeira!

saladas

arroz selvagem com rúcula e pignoli

O arroz selvagem tem um sabor maravilhoso, sem falar na cor incrível! Rico em proteínas, fibras, minerais e vitaminas, o arroz selvagem deve ter um lugar de destaque no cardápio semanal. Quando misturado a outros ingredientes, como em nossa receita, rende mais e fica delicioso!

1 xícara de água

⅔ de xícara de arroz selvagem ou outro grão integral

uma pitada de sal marinho

½ xícara de azeitonas pretas sem caroço picadas

½ xícara de pignoli levemente tostados ou outra oleaginosa

quatro bons punhados de folhas de rúcula e de espinafre lavadas e secas ou outro tipo de hortaliça macia

Para o vinagrete mediterrâneo

⅓ de xícara de azeite de oliva

vinagre balsâmico ou de maçã a gosto

um punhado de folhas de manjericão lavadas, secas e picadas bem fino

1 dente de alho amassado

sal marinho e pimenta-do-reino moída na hora a gosto

Rende de 1 a 2 porções

Em uma panela, coloque a água, o arroz e o sal e leve ao fogo. Assim que levantar fervura, reduza o fogo, tampe a panela e cozinhe por aproximadamente 25 minutos ou até o arroz secar e ficar macio.

Prepare o vinagrete. Coloque todos os ingredientes em um vidro, tampe e agite. Em uma saladeira grande, misture o arroz cozido, as azeitonas e os pignoli. Tempere com o vinagrete e misture bem. Arrume sobre um leito de folhas verdes temperadas com o mesmo vinagrete e sirva a seguir.

saladas

salada primavera

Criei uma versão vegana de um prato muito apreciado em vários países. Curiosamente, na Croácia, onde nasci, ele é chamado Franscuska salata (salada francesa). Costumo servir este prato com legumes assados ou cozidos no vapor, tofu, tempeh ou preparos fritos. Com alguns crackers ou pão tipo sueco, esta salada é uma refeição completa.

2 batatas médias
3 xícaras de água
3 cenouras pequenas cortadas em cubinhos
1 xícara de ervilhas frescas ou congeladas
½ xícara de picles picadinhos
1 xícara rasa de Maionese de tofu ou Maionese de semente de girassol e castanhas de caju (página 103)

Rende de 2 a 3 porções

Lave e escove a casca das batatas. Em uma panela, coloque as batatas e água fria suficiente e leve ao fogo. Assim que levantar fervura tampe a panela, reduza o fogo e cozinhe por aproximadamente 20 a 25 minutos (a batata não deve ficar totalmente cozida). Escorra, deixe esfriar, descasque, corte a batata em cubos e reserve.

Em uma panela média, coloque a cenoura e o restante da água. Cozinhe até que fiquem tenras. Para economizar tempo, enquanto a cenoura cozinha, apoie um cesto próprio para cozimento a vapor na panela, coloque as ervilhas e tampe a panela. Escorra a cenoura, retire as ervilhas e deixe os legumes esfriarem.

Em uma saladeira grande, coloque a cenoura, as ervilhas, a batata, os picles e a maionese e misture para envolver todos os ingredientes. Prove e acerte o tempero, se necessário. Geralmente, acrescento mais sal, vinagre e um fio de azeite, pois as maioneses veganas são bem leves.

salada rosa de quinoa com erva-doce e aramê

Comer alimentos variados e com cores vibrantes todos os dias é ótimo para a saúde! Mesmo que você não goste de um ou outro ingrediente, como, por exemplo, beterraba crua, nesta receita todos são usados com parcimônia para conseguir o tom certo!

3¾ xícaras de água

1 xícara de quinoa

½ colher (chá) de sal

1⅓ de xícara de bulbo de erva-doce cortado em tirinhas

3 colheres (sopa) de suco de limão-siciliano

1 xícara de aramê

1 colher (chá) de tamari

½ beterraba pequena ralada fino

1 colher (chá) de vinagre de maçã

3 colheres (sopa) de óleo de gergelim

3 cebolinhas picadinhas

2 colheres (sopa) de sementes de girassol tostadas (opcional)

sal marinho a gosto

Rende 2 porções

Em uma panela, ferva 1¾ xícara de água. Lave a quinoa, escorra e coloque na água quente junto com metade do sal. Reduza o fogo, tampe a panela e cozinhe por 20 minutos ou até que a água seja completamente absorvida. Desligue o fogo.

Em uma tigela, coloque a erva-doce, 2 colheres (sopa) do suco de limão e o restante do sal. Esprema a erva-doce com as mãos para soltar líquido.

Em uma panela pequena, coloque o restante da água e a aramê e leve ao fogo. Quando levantar fervura, reduza o fogo, tampe parcialmente a panela e cozinhe por 15 minutos. Escorra a água, acrescente o tamari e mexa rapidamente em fogo baixo até que seja absorvido.

Em uma tigela grande, coloque a beterraba ralada e o vinagre e misture (isso acentua a cor da beterraba). Junte a quinoa cozida, o restante do suco de limão, o óleo e 4 colheres (sopa) de aramê. Pouco antes de servir, misture a erva-doce e a cebolinha picada. Acerte o tempero, se necessário. Para completar, salpique sementes de girassol. Se quiser, colorir ainda mais o prato, reserve um pouco de quinoa, tempere com óleo de gergelim e limão e coloque uma colherada em cada prato.

kimchi caseiro

Kimchi é o nome dado a um método de conservar legumes típico da Coreia. As pessoas não costumam preparar picles em casa e nem se dão conta de que vegetais fermentados naturalmente melhoram a digestão e deveriam ser consumidos diariamente. Sugiro que você tenha em sua despensa vários vidros de conserva em diferentes estágios de fermentação. Consuma uma ou duas colheradas junto com sua principal refeição. O kimchi é um preparo econômico e pode ser conservado de 30 a 60 dias.

5 xícaras de água

3 colheres (sopa) de sal marinho

7 xícaras de repolho verde cortado em tiras finas

2½ xícaras de alho-poró picado

20 g de gengibre fresco descascado

4 dentes de alho descascados

1 colher (chá) de cúrcuma em pó

um bom punhado de algas dulse ou outra à sua escolha

1 pimenta-malagueta média

Rende de 12 a 15 porções

Em uma tigela, misture a água e o sal e mexa até dissolver o sal. Mergulhe o repolho e o alho-poró nessa salmoura e tampe com um prato. Para manter os vegetais submersos, coloque um peso sobre o prato. Deixe de molho por algumas horas ou, melhor ainda, de um dia para o outro.

Em uma tigelinha, rale o gengibre e esprema o alho. Ponha a alga de molho por 30 minutos. Escorra e pique.

Escorra os vegetais, reservando a água. Em uma tigela, misture os legumes, a cúrcuma, a alga junto com os temperos e a pimenta inteira. Acrescente a salmoura reservada, o suficiente para a mistura ficar completamente coberta. Coloque uma tampa pesada ou um prato com um peso por cima. Deixe fermentar por pelo menos uma semana. O sabor ideal é conseguido após 4 semanas de fermentação.

salada Caesar vegana

Não se deixe enganar, esta Salada Caesar vegana é uma refeição completa! Em vez de usar alface-romana, prepare-a com as folhas da estação, mas nem pense em dispensar a maionese e os croûtons – eles são o diferencial do prato.

Para a salada

6 a 8 folhas de couve-manteiga

¼ de colher (chá) de sal marinho

suco de 1 limão-siciliano

três tipos de folhas verdes a gosto

½ abacate médio maduro

1 cenoura média (ou outra raiz) ralada

5 colheres (sopa) de brotos de feijão ou alfafa

4 colheres (sopa) de nozes picadas

1 xícara de croûtons (página 27)

10 flores comestíveis (opcional)

Para o molho

2 xícaras de Maionese de tofu ou Maionese de semente de girassol e castanhas de caju (página 103)

Rende 2 porções como prato principal ou 4 como guarnição

Lave, seque e tire o talo até o meio de cada folha de couve. Corte a couve bem fininha e coloque em uma tigela. Salpique sal, regue com o suco de limão, misture e deixe marinar por 10 minutos. Isso vai facilitar a mastigação e a digestão.

Lave, seque e rasgue as outras folhas. Descasque e corte o abacate em cubos.

Em uma saladeira grande, junte as hortaliças, o abacate, a cenoura ralada, os brotos, as nozes, os croûtons e as flores (opcional).

Sirva a maionese à parte ou misture-a com cuidado, até incorporar todos os ingredientes. Prove e acerte o tempero (acrescente mais sal, pimenta-do-reino ou outras especiarias de sua preferência). Deixe descansar por 10 minutos antes de servir, para acentuar o sabor.

salada de trigo em grão com champignons e agrião

Muitas pessoas evitam os grãos de trigo, mesmo sem ter alergia. Eu acho esses grãos bem versáteis, têm boa textura e são rápidos de preparar, cozinham em cerca de 20 minutos (página 15). Nesta receita, eu combino o trigo em grão com um molho bem refrescante, ideal para um lanche leve e nutritivo.

2 xícaras de água

1 xícara de trigo em grão lavado e escorrido

¼ de colher (chá) de sal marinho

2 xícaras de champignons cortados em lâminas

3 colheres (chá) de tamari

1 colher (chá) de suco de limão-siciliano

1 colher (chá) de óleo de gergelim

Para o molho

dois bons punhados de agrião lavado e seco

¼ de colher (chá) de sal marinho

2 colheres (sopa) de avelãs picadas grosseiramente

2 colheres (sopa) de azeite de oliva

2 colheres (sopa) de suco de limão-siciliano

3 colheres (sopa) de avelãs tostadas e picadas para decorar

Rende 2 porções

Em uma panela, leve a água ao fogo. Assim que ferver, junte o trigo em grão e o sal, reduza o fogo ao mínimo e tampe. Cozinhe por 20 minutos ou até os grãos ficarem macios. Escorra o líquido e reserve.

Numa tigela, misture os cogumelos, o tamari e o suco de limão. Aqueça o óleo em uma frigideira com fundo grosso e salteie os cogumelos temperados por 1 a 2 minutos, ou até começarem a soltar líquido, e coloque numa tigela para esfriar.

Reserve um punhado de agrião para decorar. Para preparar o molho verde, coloque o restante do agrião e os demais ingredientes na centrífuga. Bata a mistura até obter a consistência desejada. Acerte o tempero, se necessário. O molho deve ficar levemente salgado para realçar o sabor do trigo cozido.

Na hora de servir, misture o trigo, os cogumelos salteados e 2 colheres (sopa) cheias de molho. Decore com avelãs tostadas e folhas de agrião. Coloque o restante do molho em uma molheira para as pessoas se servirem à vontade.

molhos

molho de tomate bem temperado

Não gosto de comprar molhos de tomate industrializados. É muito mais gostoso e saudável prepará-los em casa – isto sem falar que o resultado é incomparável. Tenho sorte de ter uma horta onde plantamos tomates de ótima qualidade. Eu os colho no ponto, preparo uma boa quantidade de purê de tomate e guardo na despensa. Se você não pode fazer o mesmo, procure adquirir um bom purê de tomate orgânico ou tomates orgânicos pelados para conseguir molhos mais "pedaçudos". Lembre que um bom molho depende da qualidade dos tomates!

1 receita de Soffritto (página 19)

3 metades de tomate seco deixadas de molho, escorridas e picadas

1 colher (chá) de caldo de legumes em pó ou ½ tablete (opcional)

½ colher (chá) de orégano

½ colher (chá) de manjericão seco

1 colher (sopa) de xarope de arroz, agave ou bordo

1 colher (sopa) de tamari

¼ de colher (chá) de sal marinho

pimenta-do-reino moída na hora a gosto

2½ xícaras de purê de tomate

3 dentes de alho amassados

2 colheres (sopa) de salsinha e cebolinha picadinhas

azeite de oliva para finalizar

Rende 2¾ xícaras

Em uma panela, coloque o soffritto de vegetais, o tomate seco, o caldo de legumes em pó, as ervas secas, o xarope, o tamari, o sal e a pimenta. Leve ao fogo, mexa por mais ou menos 2 minutos para envolver os ingredientes no tempero. Junte o purê de tomate e aumente o fogo. Assim que ferver, reduza o fogo e deixe cozinhar em fogo brando, com a panela destampada, por cerca de 10 minutos. Quanto mais cozinhar, mais espesso ficará o molho.

No final do cozimento, junte o alho, a salsinha ou cebolinha picada e um fio de azeite.

Use esse molho básico com qualquer tipo de macarrão e em pizzas. Para dar mais sabor a ensopados, ragus e sopas, diminua a quantidade. O molho pode ser congelado ou guardado sob refrigeração em recipiente tampado por cerca de 3 dias.

falso molho ao sugo

Você deve estar se perguntando: Por que fazer um molho falso se o verdadeiro é muito melhor? Vou dar dois motivos. Primeiro, é possível substituir tomates por outros ingredientes. Segundo, esta é uma alternativa para oferecer outros vegetais, até os que as pessoas não apreciam. Nesta receita, escolhi moranga, mas você pode usar cenouras ou, se tiver à mão, ambas.

500 g de moranga sem os filamentos e sementes e descascada

1 beterraba média descascada

1 cebola média descascada

2 folhas de louro

2 xícaras de água

¼ de colher (chá) de sal

3 dentes de alho amassados

3 colheres (sopa) de azeite de oliva

½ colher (chá) de orégano

¼ de colher (chá) de pimenta-do-reino moída na hora

1 colher (sopa) de vinagre de maçã

sal marinho a gosto

uma panela de pressão (opcional)

Rende 2¾ xícaras

Corte a moranga em pedaços de 5 cm. Corte a beterraba em fatias finas e pique a cebola. Coloque todos os vegetais na panela de pressão, junte as folhas de louro, a água e o sal. Leve ao fogo alto. Quando a panela começar a chiar, reduza o fogo e deixe cozinhar por mais ou menos 20 minutos ou até os legumes ficarem macios. Se preferir, cozinhe em uma panela com fundo grosso; nesse caso, quando levantar fervura, reduza o fogo, tampe parcialmente a panela e cozinhe por cerca de 30 minutos.

Tire algumas fatias de beterraba e metade da água do cozimento e reserve. Bata o restante da mistura no liquidificador até conseguir uma mistura espessa e alaranjada. Aos poucos, vá acrescentando a beterraba e o líquido reservado até conseguir o tom avermelhado e a consistência de um molho de tomate.

Tempere o molho com o alho, o azeite, o orégano, a pimenta-do-reino e o vinagre de maçã. Acerte o sal. Seguindo corretamente as instruções desta receita, ninguém vai dizer que seu molho não tem tomate. Use-o normalmente, como se fosse molho de tomate. Experimente diluí-lo e consiga uma saborosa "sopa com cor de tomate"!

maionese de tofu

Todo mundo sabe que a maionese "normal" não é nada saudável. Mas não se engane, há muitas versões veganas industrializadas com altos níveis de gorduras saturadas e aditivos. Por isso, passe longe delas. As maioneses que costumo fazer são nutritivas e saborosíssimas. Todos que provam aprovam e, com certeza, você também vai gostar.

300 g de tofu fresco
6 colheres (sopa) de água
4 colheres (sopa) de azeite de oliva ou óleo de girassol
3 colheres (sopa) de suco de limão-siciliano ou vinagre de maçã
1 tâmara macia descaroçada
½ colher (chá) de sal marinho

Rende 1½ xícara

Coloque todos os ingredientes no processador e bata até obter uma mistura lisa e cremosa. Acerte os temperos, dependendo de como vai usar a maionese. Para temperar saladas, a maionese deve ser ligeiramente ácida, nesse caso, acrescente mais suco de limão ou vinagre de maçã. Em pratos salgados, como hambúrgueres ou chips, use menos sal.

maionese de sementes de girassol e castanhas de caju

⅔ de xícara de sementes de girassol cruas
⅔ de xícara de castanhas de caju cruas
3 colheres (sopa) de azeite de oliva
¾ de colher (chá) de sal
4 colheres (chá) de suco de limão-siciliano
1 tâmara macia descaroçada
¾ de xícara de água fria filtrada
1 colher (sopa) de vinagre de maçã
2 dentes de alho (opcional)

Rende 1⅔ xícara

Coloque as sementes de girassol e as castanhas de molho em água de um dia para outro. No dia seguinte, escorra e despreze a água. Enxague e escorra bem. Coloque todas as sementes e castanhas demolhadas no processador. Junte os outros ingredientes e bata, em velocidade alta, até obter uma mistura cremosa e lisa.

A Maionese de sementes de girassol e castanhas de caju não deve ficar nem muito suave, nem muito salgada, por isso, ao acertar os temperos siga as instruções da Maionese de tofu.

molhos

molho de cebola

Quer uma receita simples e versátil, que deixa qualquer prato mais suculento e saboroso? Encontrou! Esta receita dá um toque especial a inúmeros preparos.

4 colheres (sopa) de óleo de gergelim
uma pitada de sal marinho
¾ de xícara de cebola fatiada fino
4 dentes de alho amassados (opcional)
1 colher (sopa) de shoyu
1 colher (chá) de vinagre de maçã
1 colher (chá) de xarope de agave
2 colheres (sopa) de farinha de trigo integral
1 xícara de água
2 colheres (chá) de mostarda de Dijon
pimenta-do-reino a gosto
2 colheres (sopa) de ervas picadas

Rende 2 xícaras

Em uma frigideira, aqueça o óleo de gergelim e o sal. Coloque a cebola e refogue em fogo médio até ficar transparente e macia. Acrescente o alho amassado, se desejar, e frite até começar a soltar aroma. Aumente um pouco o fogo, junte o shoyu, o vinagre e o xarope e misture bem até começar a fritar.

Polvilhe a farinha, misturando sem parar por um minuto. A seguir, despeje a água aos poucos, sem parar de mexer, até obter a consistência desejada. Cuidado para não empelotar o molho. Se preferir, você pode engrossar o molho com amido de milho diluído em água. Ponha a mostarda e a pimenta-do--reino. Prove e acerte o tempero, se necessário. Na hora de servir, decore com ervas frescas picadas.

Para enriquecer o sabor do molho, ao refogar a cebola, você pode juntar cogumelos-de-paris frescos cortados em lâminas ou 2 colheres (sopa) de cogumelos secos demolhados, escorridos e picados.

molho agridoce de gengibre

Preparo este molho toda semana. Ele é um curinga na cozinha: serve para marinar, para cozinhar, para dar mais sabor a vegetais crus e cozidos e até incrementar frituras!

2 colheres (sopa) de gergelim tostado
3 colheres (sopa) de cebolinha bem picadinha
2 colheres (sopa) de gengibre picado
½ colher (chá) de gengibre em pó
2 dentes de alho amassados
3 colheres (sopa) de shoyu
2 colheres (sopa) de óleo de gergelim torrado
1 colher (sopa) de xarope de agave
uma pitada de pimenta vermelha em pó
1 colher (chá) de suco de limão-siciliano
⅓ de xícara de água

Rende ⅔ de xícara

Coloque todos os ingredientes no processador (menos o gergelim e a cebolinha, que serão misturados no final) e bata até obter uma mistura homogênea. Uso este molho para marinar tofu, seitan ou tempeh, antes de salteá-los com vegetais e macarrão. Eu também sirvo com o Sushi vegano (página 71), com frituras em geral, como o Croquete de painço (página 75), e em sanduíches, como o Hambúrguer (página 54).

molho de abacate para macarrão

Para mim, qualquer prato que leve abacate fica especial! Além da guacamole, essa fruta vai bem em saladas e até em molhos cremosos, que combinam maravilhosamente com espaguete de arroz. A receita de Molho de abacate para macarrão leva poucos minutos para preparar, mas não sai da memória.

- 1 abacate maduro
- 4 colheres de sopa de azeite de oliva
- 2 colheres (sopa) de vinagre de maçã (ou shoyu, ou sal marinho a gosto)
- 200 g de espaguete grano duro cozido al dente e escorrido
- 2 colheres (sopa) de tahine
- um bom punhado de nirá ou outro tipo de brotos
- 2 colheres (sopa) de gergelim preto tostado

Rende 2 porções

Descasque, descaroce e pique grosseiramente o abacate. Coloque no processador ou no liquidificador o abacate, o azeite e o vinagre de maçã. Bata até obter uma mistura homogênea. Se o molho ficar espesso, dilua com um pouco de água. Acerte o tempero, lembrando que esse molho deve ficar ligeiramente salgado, pois as massas pedem um molho forte.

Despeje o molho sobre o espaguete quente e misture bem. Sirva a seguir, decorado com o gergelim e os brotos.

Você pode substituir o tahine por qualquer tipo de nozes e castanhas e até manteiga de amendoim! Isso mesmo, a manteiga de amendoim dá um toque sofisticado ao molho. Outras variações deste molho você consegue acrescentando alho, cebola, suco de limão ou pimenta. Tudo vai depender do que você tem na geladeira, na despensa e na imaginação. Bom apetite!

dip de pimentão assado

O pimentão vermelho é a melhor variedade para esse preparo, mas se não conseguir encontrá-los, use amarelos ou verdes. Os pimentões assados acentuam o sabor e melhoram o aroma desse molho.

1 kg de pimentões vermelhos
¾ de xícara de azeite de oliva
4 dentes de alho amassados
1 colher (sopa) de vinagre de maçã
sal marinho a gosto

Rende 1 xícara

Preaqueça o forno a 180 °C. Lave e seque os pimentões. Forre uma assadeira com papel-manteiga, disponha os pimentões um ao lado do outro e leve ao forno. Vire os pimentões várias vezes até que a pele fique parcialmente queimada e com bolhas. Tire do forno e coloque os pimentões em um recipiente com tampa, por 15 minutos ou até formar bastante vapor. Descasque e tire as sementes dos pimentões (não lave para não tirar seu sabor característico). Rasgue o pimentão em tiras. Em uma panela, aqueça o azeite e junte as tiras de pimentão, o alho e o sal. Salteie ligeiramente. Acrescente o vinagre e refogue ligeiramente em fogo médio. Sirva com massas, legumes e até em sanduíches.

Este molho também pode se transformar em um delicioso patê, é só processar a mistura e acertar a consistência juntando um pouco de água quente ou um bom azeite de oliva extra virgem.

chutney de berinjela e tâmaras

Este molho pedaçudo de origem indiana, além de versátil, esconde uma explosão de sabores! Adoro servi-lo com torradas de pão feito em casa (página 27) ou Crackers (página 79).

½ xícara de tâmaras sem caroço
2 berinjelas grandes
½ xícara de azeite de oliva
sal marinho a gosto
2 xícaras de cebola fatiada fino
½ colher (chá) de sementes de erva-doce
½ colher (chá) de sementes de cominho
¼ de colher de pimenta vermelha em pó
2 colheres (sopa) de tamari
2 colheres (sopa) de vinagre de arroz ou de maçã

Rende 1 xícara

Deixe as tâmaras de molho em água morna por pelo menos uma hora. Enquanto isso, preaqueça o forno a 200 °C.

Lave as berinjelas e corte-as ao meio no sentido do comprimento. Pincele azeite na parte cortada e esfregue ½ colher (chá) de sal. Fure a casca da berinjela com um garfo. Forre uma assadeira com papel-alumínio e arrume as berinjelas com o lado cortado virado para baixo. Asse por 40 minutos ou até ficarem macias. Deixe esfriar, tire a casca e pique a polpa. Coloque o restante do azeite em uma frigideira e aqueça. Refogue a cebola em fogo baixo, mexendo de vez em quando. Ao finalizar, tempere com sal e as especiarias. Escorra as tâmaras. A seguir, pique e coloque na panela junto com a berinjela. Refogue por mais 5 minutos. Acrescente o tamari e o vinagre, misture bem e cozinhe, com a panela destampada, por mais 5 minutos.

sopas e cozidos

ensopado de feijão-azuqui com amaranto

Sinto meu corpo reconfortado e meu estômago agradecido quando me delicio com esse ensopado! Ele é feito com poucos ingredientes, mas a consistência é rica e cremosa e o sabor levemente adocicado é irresistível. Para afugentar o cansaço e as preocupações, seja ao voltar de uma viagem, de passar alguns dias se alimentando mal ou simplesmente para recuperar o ânimo, esta é a melhor receita.

1 xícara de feijão-azuqui
4 xícaras de água fria
1½ xícara de abóbora-japonesa descascada e sem sementes
⅓ xícara de amaranto
2 colheres (sopa) de shoyu
½ colher (sopa) de vinagre de maçã
½ colher (chá) de cúrcuma em pó
½ colher (chá) de sal marinho

Rende de 2 a 3 porções

Em uma panela, coloque o feijão-azuqui e a água e deixe de molho por algumas horas; isso acelera o cozimento. Coloque a panela no fogo e ponha a abóbora. Cozinhe em fogo baixo, com a panela parcialmente tampada, até que o feijão esteja quase cozido (cerca de 30 minutos). Junte o amaranto e cozinhe até que a mistura fique macia (mais ou menos 20 a 30 minutos). Tempere com o shoyu, o vinagre de maçã, a cúrcuma e o sal.

Acrescente mais água quente, se necessário. Este ensopado, além de não levar óleo e ter uma boa quantidade de nutrientes, é um prato substancioso e fácil de ser digerido.

sopa cremosa verde

Nunca há verde demais em nossos pratos! Adoro fazer sopas misturando hortaliças como acelga, espinafre, couve e brócolis, e abacate, que acentua o tom verde. Na falta de abacate, uso batatas, creme de aveia ou amido de milho diluído em água.

4 xícaras de água

cinco punhados de hortaliças variadas (acelga, espinafre, couve, brócolis, etc.)

¼ de colher (chá) de sal marinho

1 xícara de polpa de abacate

1 colher (chá) de suco de limão-siciliano

1 colher (sopa) de azeite de oliva

1 colher (sopa) de vinagre de maçã

3 dentes de alho amassados

1 receita de Croûtons (página 27)

Rende 3 porções

Ferva a água em uma panela grande. Lave as folhas cuidadosamente e tire o excesso de água. Se usar couve, retire o talo até o meio da folha. Coloque todas as hortaliças na água fervendo, tampe a panela e cozinhe por 1 a 4 minutos. Dependendo das verduras, você pode começar o cozimento pelas mais firmes e depois colocar as mais tenras. Para manter a cor verde brilhante, não cozinhe demais as folhas!

Acrescente o restante dos ingredientes, misture bem e desligue o fogo. Transfira a mistura para um processador ou liquidificador e bata até obter um creme espesso e granuloso. Acerte o tempero, se necessário.

Sirva a seguir com os Croûtons (página 27) feitos na hora.

sopa aveludada de lentilhas vermelhas

A minha sopa de lentilhas tem ares de inverno! Como é muito nutritiva e saborosa, espero que vocês nunca se enjoem dela. Quando eu a sirvo, seja para meus parentes, amigos ou clientes, todos limpam o prato, lambem a colher e suspiram!

4 colheres (sopa) de azeite de oliva

½ xícara de alho-poró picado (somente a parte branca) ou cebola

uma pitada de sal marinho

1⅔ xícara de abóbora ou moranga sem casca e sem sementes cortada em cubos

1 xícara de cenoura cortada em cubos

1 colher (chá) de caldo de legumes em pó

¼ colher (chá) de cúrcuma em pó

4 dentes de alho amassados

2 folhas de louro

3 metades de tomate seco picadas

2 colheres (sopa) de vinho branco seco

¾ de xícara de lentilhas vermelhas lavadas e escorridas

1 tira de kombu de 7 cm

4 xícaras de água

gotas de limão-siciliano

uma pitada de pimenta-do--reino moída na hora

1 colher (sopa) de vinagre de maçã

Rende 4 porções

Em uma panela grande, aqueça o azeite. Coloque o alho-poró e o sal e frite por 1 minuto. Junte a abóbora e a cenoura e refogue até os vegetais mudarem de cor. Junte o caldo de legumes, a cúrcuma, o alho, o louro e o tomate. Misture bem e despeje o vinho. Quando levantar fervura, ponha as lentilhas, o kombu e a água. Aumente o fogo e tampe parcialmente a panela. Assim que ferver, reduza o fogo e cozinhe por 25 a 30 minutos ou até que as lentilhas e os vegetais estejam tenros (se usar panela de pressão, cozinhe por 15 minutos). Desligue o fogo e retire as folhas de louro.

Eu ofereço essa sopa batida ligeiramente no liquidificador (ela fica bem espessa e grumosa) ou sem bater (ela fica mais pedaçuda, com cara de ensopado). Na hora de servir, complete com gotas de limão, pimenta-do-reino e vinagre de maçã. Se necessário, acerte o tempero e/ou acrescente mais água quente (a sopa tende a engrossar quando esfria).

Se quiser variar, acrescente ⅔ de xícara de beterraba cortada em cubos – a sopa vai ficar com um tom avermelho inigualável.

Jamais desperdice sobras desta sopa; no dia seguinte, ela fica melhor ainda!

minestrone à moda da Ístria

Sempre que vou visitar minha avó, ela prepara um minestrone típico de Ístria, a península do mar Adriático, onde ela mora. Confesso que espero ansiosamente por esse momento! Às vezes ela substitui o macarrão que ela mesma prepara por cevada, que deixa a sopa muito apetitosa. A melhor época para fazer esta receita é quando as ervilhas e as vagens estão à disposição na horta: é só colher e usar!

140 g de grãos de milho-verde fresco ou vagens

4 colheres (sopa) de azeite

1 cebola grande picada

2 folhas de louro

½ colher (chá) de sementes de erva-doce

½ colher (chá) de manjericão

1 cenoura grande picada

1 xícara de ervilhas frescas ou congeladas

5 xícaras de água

1½ colher (sopa) de caldo de legumes em pó

½ xícara de cevada cozida ou ⅔ de xícara de macarrão grano duro para sopa (ninho, argola, padre nosso, cabelo de anjo, risoni)

sal e pimenta-do-reino a gosto

1 xícara de espinafre picado

2 dentes de alho amassados

Rende 4 porções

Se decidir usar vagens, tire as pontas e o fio e corte em pedaços de 1,5 cm na diagonal. Em uma panela, aqueça o azeite. Junte a cebola, o louro, a erva-doce, o manjericão seco e uma pitada de sal. Refogue por 1 minuto, acrescente a cenoura, misture bem e cozinhe por 1 a 2 minutos. Junte o milho verde e as ervilhas e misture. Tampe a panela e cozinhe por 10 minutos em fogo baixo. Em outra panela, ferva a água e mantenha quente.

Junte o caldo de legumes aos vegetais refogados e misture. Despeje a água quente. Assim que ferver, deixe cozinhar por 10 minutos. Acrescente a cevada cozida (ou o macarrão escolhido) e cozinhe por mais 10 minutos. Acerte o sal e coloque pimenta a gosto. Coloque o espinafre picado em uma tigela, junte o alho amassado e misture. Minutos antes de servir, ponha o espinafre temperado na sopeira (se vai servir em porções individuais, divida o espinafre entre as cumbucas). Despeje o minestrone e sirva com fatias de Pão sem glúten (página 27).

Se você usar macarrão, sirva o minestrone assim que tirar do fogo (lembre que o macarrão vai continuar cozinhando no caldo quente e a sopa pode virar um ensopado).

A cevada pode ser cozida com antecedência, seguindo as mesmas instruções para preparar arroz integral (página 15). Como se usa pouca cevada cozida no minestrone, aproveite o restante para outros preparos.

caldo de kombu com tempurá

No próximo brunch ou lanche que você oferecer, inclua este caldo: isso vai surpreender, relaxar e satisfazer seus convidados. Sirva o caldo em tigelinhas – para ser bebido aos golinhos – e ofereça hashis – para pegar o macarrão e os vegetais!

Para a sopa
4 shitakes secos

1 tira de kombu de 12 cm

5 xícaras de água

4 colheres (sopa) de óleo de gergelim torrado

2 alhos-porós pequenos

2 cenouras pequenas

1 pedaço de 2 cm de gengibre fresco ralado

3 dentes de alho

tamari a gosto

100 g de sobá ou udon

2 colheres (sopa) de gergelim tostado

Para o tempurá
½ xícara de água gelada

½ xícara de farinha de trigo gelada, mais um pouco para enfarinhar

sal marinho a gosto

¼ de colher (chá) de cúrcuma em pó

1 xícara de óleo de girassol para fritar

hortaliças variadas (abobrinha, talo de salsão, quiabo, vagem, cenoura, cebola, etc.) cortadas em palitos de tamanho médio finos

Rende de 3 a 4 porções

Em uma panela, coloque os shitakes, o kombu e água suficiente. Tampe a panela e leve ao fogo alto. Assim que ferver, reduza para médio e cozinhe por 10 minutos. Retire os shitakes e o kombu e reserve o caldo. Retire os talos e despreze. Pique grosseiramente os chapéus.

Em uma panela grande, coloque o óleo de gergelim e refogue as hortaliças junto com o gengibre e o alho. Depois de alguns minutos, acrescente o shitake picado e o caldo reservado e deixe ferver por 5 a 10 minutos. Tempere com tamari a gosto.

Um pouco antes de servir, cozinhe a massa al dente (não se deve cozinhar o udon no caldo, pois ele absorve muita água e vai reduzir a quantidade de caldo).

Prepare a massinha do tempurá. Em uma tigela, coloque a água, a farinha, sal a gosto e a cúrcuma. Bata ligeiramente com um fouet; não se preocupe se a massa ficar empelotada. Para obter um tempurá crocante, siga estas dicas: use ingredientes gelados; não bata muito a massa; use a massa imediatamente.

Ponha o óleo para aquecer em uma frigideira. Seque as hortaliças com papel-toalha, passe na farinha (isso vai evitar que a massa escorra) e reserve. Quando o óleo estiver bem quente, mergulhe com cuidado alguns vegetais na massa e frite por 1 a 2 minutos; eles devem ficar levemente dourados. Calcule cerca de 4 a 5 palitos de vegetais por fritura. A massa deve "segurar" os vegetais, portanto, se estiver muito líquida, acrescente um pouco de farinha. Assim que tirar o tempurá da frigideira, coloque sobre folhas de papel-toalha para absorver o excesso de gordura. Na hora de servir o caldo, acomode a tigela em um prato, salpique gergelim e arrume uma porção de tempurá ao lado.

sopa nutritiva de missô

Você consome abóboras e morangas? Se a resposta for não, recomendo muito que você mude de hábitos. Saborosas, versáteis e nutritivas, elas são ricas em betacaroteno, um importante oxidante. Essas qualidades também se aplicam à cenoura, portanto, escolha um desses três ingredientes e faça uma ótima sopa que ainda oferece as enzimas vitais contidas na pasta de missô.

2 colheres (sopa) de óleo de gergelim torrado
½ xícara de cebola picada
½ xícara de moranga, abóbora ou cenoura cortada em cubos
4 dentes de alho amassados
1 colher (sopa) de gengibre fresco ralado
uma pitada de sal marinho
3½ xícaras de água fria ou caldo de legumes sem sal
1 colher (sopa) de missô
¼ de folha de nori tostada e cortada em pedaços pequenos
1 colher (sopa) de salsinha picada
1 colher (chá) de gergelim tostado

Rende de 2 a 3 porções

Em uma panela grande, aqueça o óleo e refogue a cebola por mais ou menos 1 minuto. Junte a moranga (ou abóbora, ou cenoura), o alho, o gengibre e o sal e refogue um pouco. Despeje a água fria. Assim que levantar fervura, tampe parcialmente a panela e reduza o fogo. Cozinhe até a moranga ficar macia.

Coloque ¼ de xícara da sopa quente numa tigelinha e dissolva o missô. Quando estiver bem diluído, despeje o líquido na sopa. Acerte o tempero. Desligue o fogo e deixe a sopa assentar por alguns minutos. Sirva decorada com nori, salsinha picada e gergelim.

doces

cookies de chocolate

Com gosto acentuado de cacau e levemente adoçados, esses biscoitos vão matar o desejo de chocolate na primeira mordida! Faça-os algumas vezes para ver se os prefere mais úmidos ou mais crocantes.

60 g de chocolate amargo vegano picado grosseiramente

⅓ de xícara de óleo de girassol

⅓ de xícara de leite de soja

¾ de xícara de xarope de agave ou de bordo

¼ de colher (chá) de extrato de baunilha

1 xícara de farinha de trigo

2 colheres (sopa) de cacau em pó

¾ de colher (chá) de fermento químico em pó

¼ de colher (chá) de canela em pó

¼ de colher (chá) de sal marinho

Rende 24 biscoitos aproximadamente

Coloque o chocolate em uma tigela e derreta no micro-ondas ou em banho-maria, tomando cuidado para não deixar respingar água no chocolate.

Em uma tigela grande, bata o óleo, o leite, o xarope de agave e o extrato de baunilha. Acrescente o chocolate derretido e incorpore à mistura.

Preaqueça o forno a 180 °C.

Apoie uma peneira sobre a tigela (assim você não vai precisar sujar outra tigela) e coloque a farinha, o cacau, o fermento, a canela em pó e o sal e peneire diretamente sobre a mistura líquida. Incorpore todos os ingredientes com uma espátula até conseguir uma massa lisa. A massa fica mole, quase líquida, mas não deve escorrer da colher – se estiver escorrendo, coloque a massa na geladeira por 10 minutos.

Forre uma assadeira com papel-manteiga. Pingue porções de massa com a ajuda de uma colher, deixando 1 cm de distância entre um biscoito e outro. Leve ao forno por 12 a 14 minutos. A massa é escura, por isso, fique de olho para não queimar os biscoitos – verifique se estão assados depois de 12 minutos, mas não deixe ultrapassar 14 minutos.

Tire do forno, deslize o papel-manteiga com os biscoitos sobre uma mesa ou grelha com cuidado; ao retirar do forno, os biscoitos estarão moles. Depois de frios, guarde em um recipiente com tampa por até uma semana.

panna cotta

A panna cotta, uma sobremesa típica da região do Piemonte, na Itália, nada mais é do que creme de leite fresco cozido com especiarias e endurecido com gelatina. Em minha receita, uso leite e creme vegetais e a maravilhosa alga ágar-ágar. O resultado? Uma sobremesa muito leve e cremosa, que leva pouco tempo para preparar e esfria rapidinho!

1 xícara de leite de aveia

1 xícara de farinha de aveia

1 colher (chá) cheia de flocos de ágar-ágar

¼ de colher (chá) de extrato de baunilha

¼ de xícara de xarope de agave

Para a cobertura

3 colheres (sopa) de manteiga de avelã

1 colher (chá) de cacau em pó

2 colheres (sopa) de xarope de agave

um pouco de leite vegetal (página 16) ou água, se necessário

Rende 3 porções

Em uma panela, misture o leite e a farinha de aveia e o ágar-ágar e leve ao fogo. Assim que começar a ferver, reduza o fogo e cozinhe por 5 minutos. Tire a panela do fogo, junte o extrato de baunilha e o xarope de agave e bata com um míxer. Leve de volta ao fogo. Assim que a mistura ferver, tire do fogo e despeje em uma fôrma refratária ou em ramequins. Deixe esfriar e mantenha na geladeira por pelo menos 1 hora antes de servir.

Passe uma faca em volta do creme para soltar as beiradas e vire cada fôrma sobre um prato de servir.

Prepare a calda. Em uma tigela, coloque a manteiga de avelã, o cacau em pó e o xarope de agave. Bata com um fouet. A cobertura deve ter a consistência de um creme nem muito espesso, nem muito líquido. Para chegar no ponto certo, talvez seja preciso acrescentar um pouco de leite de oleaginosas ou água.

O leite de aveia pode ser substituído por uma bebida de soja com sabor de baunilha; nesse caso, não é preciso usar extrato de baunilha no preparo. Você também pode usar o Leite vegetal (página 16), prefira o de avelã; nesse caso, como esse tipo de leite tem pouca gordura, a panna cotta tende a ficar aguada e bicolorida (translúcida na parte de cima e esbranquiçada na base), mas não se preocupe: o sabor não deixa a dever ao da receita original italiana!

bolo fofo com compota de morango

Este bolo é leve, ideal para ser servido com chá. Se não conseguir morangos para a compota, use outra fruta da estação ou uma boa geleia. A farinha de castanha-do-pará garante um sabor especialmente sutil, mas você pode substituí-la por cacau em pó, alfarroba em pó ou café solúvel, que também funcionam bem nesta receita.

Para o bolo
¼ de xícara de farinha de castanha-do-pará ou cacau em pó, ou café em pó solúvel
⅔ de xícara de leite de soja
raspas e suco de 1 limão-siciliano orgânico
1 xícara de farinha de painço
¼ de xícara (30 g) de farinha de aveia
½ colher (chá) de bicarbonato de sódio
½ colher (chá) de fermento químico em pó
uma pitada de sal marinho
3 colheres (sopa) de óleo de girassol
½ xícara de xarope de milho
1 colher (chá) de extrato de baunilha

Para a compota de morango
2 xícaras de morangos frescos
2 colheres (sopa) de xarope de bordo
1 colher (chá) de limão-siciliano
uma pitada de sal marinho
uma assadeira com fundo removível (24 cm)

Rende de 6 a 8 porções

Se a farinha de castanhas não foi previamente tostada, espalhe-a em uma frigideira seca e leve ao fogo médio até que fique cheirosa e dourada. Deixe descansar.

Em uma tigela, misture o leite e o suco de limão e deixe descansar por 10 minutos. Enquanto isso, peneire juntos os ingredientes secos: as farinhas de castanhas, de painço e de aveia, o bicarbonato, o fermento e o sal. A seguir, misture e reserve.

Prepare a compota. Misture todos os ingredientes e deixe descansar por 30 minutos. Cozinhe em fogo médio, tirando a espuma que se forma, até obter a consistência desejada.

Preaqueça o forno a 180 °C. Cubra o fundo da fôrma com papel-manteiga. Unte o fundo e as laterais da fôrma.

Despeje a mistura de leite, o óleo, o xarope de milho e o extrato de baunilha sobre os ingredientes secos e misture com uma espátula (não mexa muito a massa, pois o bolo pode ficar pesado). Despeje a massa na fôrma e espalhe por igual. Leve ao forno por 18 a 20 minutos. Teste espetando um palito de dente no meio do bolo: se ele sair limpo, o bolo estará assado.

Deixe o bolo esfriar completamente. Corte-o em 6 a 8 fatias iguais e coloque em pratos de sobremesa. Despeje uma boa colherada de compota morna sobre o bolo e sirva a seguir.

sorvete rápido e delicioso

Esta receita de sorvete é muito popular entre os crudívoros, mas com certeza vai agradar a todos que o experimentarem. Você já deve ter visto receitas parecidas, mas fiz questão de compartilhar as minhas três combinações prediletas preparadas com a mesma base: bananas maduras congeladas!

Base
(prepare com antecedência)
3 bananas maduras
um saco plástico

Para o sorvete de frutas vermelhas, junte às bananas picadas:
1¼ xícara de framboesas, cerejas congeladas ou frescas ou um mix de frutas vermelhas
¼ de colher (chá) de extrato de baunilha
2 colheres (sopa) de xarope de agave

Para o sorvete de cacau, junte às bananas picadas:
2 colheres (sopa) de cacau em pó
2 colheres (sopa) de xarope de agave
¼ de colher (chá) de canela em pó
1 colher (sopa) de nibs de cacau crus (misture depois de bater)

Para o sorvete de cappuccino e avelã, junte às bananas picadas:
2 colheres (sopa) de café em pó solúvel
1 colher (chá) de extrato de café
¼ de colher (chá) de extrato de baunilha
4 colheres (sopa) de avelãs tostadas e trituradas (misture depois de bater)

Todas as receitas rendem
2 porções

Descasque as bananas e coloque no saco plástico e leve ao freezer. Congele as bananas até ficarem completamente duras. Tire do freezer 10 minutos antes de usar.

Corte as bananas em fatias e coloque na máquina de fazer sorvete junto com os ingredientes da receita escolhida. Bata em velocidade máxima. Pare de vez em quando e junte os ingredientes perto das lâminas do processador (use a espátula que acompanha o aparelho). Sirva imediatamente.

Usando um processador comum, leva-se mais tempo para bater o sorvete e ele ficará amolecido, mesmo assim vale a pena prepará-lo.

torta de chocolate amargo

Um bom chocolate amargo acompanhado de um molho de frutas vermelhas levemente azedinhas é uma combinação irresistível. Na receita original, o ganache é feito com creme de leite, mas aqui usamos tofu e fica ótimo!

Para a massa

1½ xícara de farinha de trigo integral ou farinha de trigo especial

½ xícara de amido de milho

1 colher (chá) de fermento químico em pó

¼ de colher (chá) de sal marinho

½ xícara de margarina não hidrogenada fria

¼ de xícara de xarope de agave

raspas da casca de 1 limão-siciliano orgânico

Para o ganache

600 g de tofu macio

400 g de chocolate amargo vegano (60%-70% de cacau) grosseiramente picado

1 colher (sopa) de suco de limão-siciliano

raspas da casca de 2 limões-sicilianos orgânicos

xarope de milho, de agave ou outro adoçante de sua preferência (opcional)

um pouco de leite vegetal, se necessário

Para a calda

2 xícaras de frutas vermelhas frescas ou congeladas

½ xícara de água

½ xícara de xarope de milho ou ¾ de xícara de açúcar demerara

raspas e suco de 1 limão-siciliano

1 colher de amido de milho

fôrma para torta com fundo removível (28 cm)

Rende 12 porções

Comece preparando a massa. Coloque os ingredientes secos no processador e pulse para misturar. Acrescente a margarina e pulse de 6 a 8 vezes até que a mistura vire uma farofa grosseira. Junte o xarope de milho e as raspas de limão e pulse algumas vezes. Pegue um pouco de massa com os dedos e aperte, se ela ficar compacta, está no ponto. Se esfarelar em seus dedos, acrescente um pouco de água, pulse e teste novamente. Cuidado, água em excesso deixará a massa dura depois de assada. Coloque a massa sobre uma superfície de trabalho, forme uma bola, embrulhe com filme de PVC e leve à geladeira por pelo menos 3 horas. O ideal é que a massa descanse por uma noite na geladeira. Preaqueça o forno a 180 °C.

Para fazer o ganache, escalde o tofu em uma assadeira por 10 minutos e escorra a seguir. Derreta o chocolate em banho-maria. Bata o tofu com o chocolate, o suco e as raspas de limão até obter um creme macio. Prove, se estiver muito amargo, junte o xarope, e se estiver muito grosso, acrescente um pouco de leite vegetal.

Atenção, antes de abrir a massa, retire-a da geladeira e deixe-a em temperatura ambiente por 5 a 10 minutos. Coloque a massa entre dois pedaços de filme de PVC e abra com o rolo, formando um círculo de 31 cm de diâmetro. Com a ajuda do rolo, transfira o círculo de massa para a fôrma. Tire o excesso apertando a massa na beirada da fôrma. Se for preciso, tampe os buracos com sobras de massa. Fure o fundo da torta com um garfo. Leve ao forno e asse por 8 a 10 minutos. Retire do forno e espalhe o ganache com uma espátula. Leve de volta ao forno e asse por cerca de 15 minutos ou até que borda da massa fique levemente dourada. Tire do forno, deixe esfriar e depois coloque a torta na geladeira.

Prepare a calda. Em uma panela pequena, misture as frutas, a água, o xarope de milho e as raspas e o suco de limão. Leve ao fogo médio e mexa de vez em quando. Em uma tigela pequena, dissolva o amido de milho em um pouco de água fria. Assim que a calda começar a ferver, misture o amido diluído com cuidado, para não desfazer as frutas. Deixe cozinhar em fogo brando por 5 minutos ou até obter a consistência desejada.

Sirva a torta com a calda morna.

doces 135

crepe Dunjette

Criei a minha versão do famoso Crepe Suzette e batizei-a como Crepe Dunjette, em minha homenagem! Em vez de ovo, açúcar e manteiga, uso xarope de agave e óleo de coco e o resultado é exageradamente bom!

¾ de xícara de leite de soja

½ xícara de água

¼ de colher (chá) de bicarbonato de sódio

¼ de colher (chá) de sal marinho

1 xícara de farinha de trigo integral

óleo de coco para fritar

Para a cobertura

8 colheres (sopa) de xarope de agave

suco e raspas da casca de 4 laranjas orgânicas

4 colheres (sopa) de óleo de coco, mais um pouco para finalizar

2 a 4 colheres (sopa) de rum (opcional)

80 g de chocolate amargo vegano

Rende 4 porções

Em uma tigela, junte o leite de soja e a água. Acrescente o bicarbonato e o sal. Coloque a farinha aos poucos, batendo vigorosamente com um batedor. A massa deve ficar mais espessa do que a massa de panqueca tradicional com ovos. Deixe a mistura descansar por pelo menos 15 minutos.

Aqueça uma frigideira. Besunte o fundo com um pouquinho de óleo de coco e despeje uma concha pequena de massa. Movimente a frigideira para espalhar a massa por igual. Quando as beiradas começarem a dourar, vire a panqueca e reserve. A massa rende 8 panquecas de tamanho médio.

Em outra frigideira, despeje metade do xarope de agave e deixe cozinhar em fogo médio até ficar levemente caramelizado. Misture o restante do xarope, as raspas e o suco da laranja e reduza o fogo para a temperatura mínima. Deixe ferver lentamente para apurar a calda, lembrando que ela não deve ficar muito grossa. Junte o óleo de coco e retire do fogo.

Despeje cerca de ⅔ da calda em uma tigela. Dobre a panqueca duas vezes e passe na calda que está na frigideira. Repita e vá acrescentando mais calda cada vez que colocar uma panqueca. No final, junte um pouco de rum (opcional).

Derreta o chocolate em banho-maria. Pingue algumas gotas de óleo de coco para deixar a calda mais brilhante. Regue as panquecas antes de servir.

Observação: se não conseguir laranjas orgânicas, saiba que é possível tirar os pesticidas solúveis da casca. Coloque as laranjas em uma tigela e cubra com água morna. Acrescente 2 colheres (chá) de sal e 2 colheres (chá) de bicarbonato de sódio e deixe-as descansarem por pelo menos 10 minutos. Seque as laranjas, raspe a casca e esprema o suco.

granita de cevada com creme de coco batido

Eu não tomo muito café, mas aprecio seu intenso sabor em bolos e tortas "para adultos". Como a granita é uma sobremesa que atiça o paladar das crianças, uso cevada solúvel, um substituto com sabor similar mas isento de cafeína. Já servi esta granita com outros cremes, como o de soja ou de arroz, e fica igualmente deliciosa!

Para a granita

1 xícara de água

¼ de xícara de açúcar demerara

3 colheres (sopa) de cevada solúvel, e mais para servir

1 colher (sopa) de extrato de café

¼ de colher (chá) de extrato de baunilha

Para o creme de coco batido

400 ml de leite de coco light mantido na geladeira por uma noite

1 colher (sopa) de açúcar demerara

raspas de chocolate amargo vegano para decorar

Rende de 3 a 4 porções

Comece pela granita. Em uma panela pequena, misture a água e o açúcar e leve ao fogo. Quando ferver, despeje a cevada solúvel e espere levantar fervura novamente. Retire do fogo e acrescente os extratos de café e de baunilha. Deixe esfriar completamente, despeje em uma tigela rasa e leve ao freezer por 15 minutos.

Retire a mistura de café e baunilha do freezer e bata com um garfo para quebrar os cristais. Recoloque no freezer por mais ou menos 25 minutos ou até a mistura ficar com consistência de "neve derretida". Bata de novo com um garfo, recoloque no freezer, espere 20 minutos e bata novamente. Cubra com filme de PVC e mantenha no freezer até a hora de servir. Você pode fazer a granita alguns dias antes de servi-la.

Prepare o creme de coco. Abra o leite de coco gelado sem chacoalhar o recipiente, pois você vai usar somente a parte mais sólida (mais gordurosa). Dispense o líquido e coloque a parte mais consistente em uma tigela alta e estreita. Se escapar um pouco de líquido, retire cuidadosamente, pois ele faz o creme desandar. Com um míxer ou batedeira manual, bata a mistura na velocidade mais alta por 2 a 3 minutos ou até obter uma mistura cremosa e aerada. Junte o açúcar e bata por mais 3 a 5 minutos. Dependendo da qualidade do leite de coco e da quantidade de líquido que escapou, o creme pode ficar mais ou menos consistente (não se preocupe, ele sempre fica saboroso!). Se você quiser um creme mais esbranquiçado, use açúcar de confeiteiro.

Na hora de servir, tire a granita do freezer e raspe a superfície com um garfo. Coloque a raspadinha em taças ou copos baixos, cubra com o creme de coco, decore com raspas de chocolate e sirva imediatamente.

crumble de colher

O crumble é super-rápido de fazer. O problema é que ele tem de ser servido assim que sai do forno, caso contrário a massa absorve o líquido da fruta e ele fica úmido e sem graça. Depois de muitos testes, cheguei a uma receita que pode ser feita com antecedência e se mantém crocante.

Para o crumble

½ xícara de metades de nozes
1 xícara de farinha integral
⅓ de xícara de açúcar demerara
¼ de colher (chá) de canela em pó
uma pitada de sal marinho
½ xícara de margarina não hidrogenada gelada

Para o coulis

500-600 g da fruta fresca escolhida (dependendo da estação, você pode usar manga, pera, maçã, pêssego, banana ou ameixa)
½ xícara de água
6 colheres (sopa) de xarope de agave ou de bordo
¼ de colher (chá) de extrato de baunilha
2 colheres (chá) de suco de limão-siciliano

Rende 4 porções

Preaqueça o forno a 180 °C. Espalhe as nozes em uma assadeira (aproveite para torrar mais nozes do que precisa, para oferecê-las como aperitivo) e torre por 10 minutos. Tire as nozes do forno, deixe esfriar e depois pique grosseiramente. Em uma tigela, misture a farinha, o açúcar, a canela e o sal. Acrescente a margarina e misture os ingredientes com as pontas dos dedos até obter a consistência de uma farofa sem pedaços aparentes de margarina. Junte as nozes. Espalhe essa mistura em uma assadeira forrada com papel-manteiga e leve ao forno por 15 a 17 minutos, misturando de vez em quando para esfarelar a mistura. Deixe esfriar e guarde em um vidro bem fechado.

Antes de servir o crumble, lave, descasque, descaroce (se for o caso) e corte as frutas em pedaços. Se a fruta estiver muito madura, depois de lavar e descascar, coloque no processador ou no liquidificador, junte a água e bata até obter um purê. Se a fruta não estiver muito doce, coloque os pedaços em uma panela e cubra com água até ultrapassar 1 cm da fruta. Junte o xarope de agave e o extrato de baunilha (ou um pau de canela). Leve a panela ao fogo médio. Quando ferver, tampe parcialmente a panela, reduza o fogo para a temperatura mínima e cozinhe por cerca de 10 minutos. Tire do fogo, junte o suco de limão e misture.

Sirva em taças: coloque uma camada generosa do coulis (ou da compota da fruta escolhida) e, a seguir, uma boa colherada de crumble.

índice remissivo

A
abacate, molho de, para macarrão 107
ágar-ágar ver alga marinha
alga marinha
  ágar-ágar 12, 128
  aramê 12, 89
  dulse 90
  kombu 10, 12, 57, 58, 61, 117
  nori 12, 71, 75, 122
  sopa nutritiva de missô, 122
  wakamê 12
alimentos perecíveis 13
arroz
  como cozinhar 15
  arroz selvagem com rúcula e pignoli 85
  arroz integral, como cozinhar 15
assar 12
azeites e vinagre 11

B
barrinhas de pura energia 39
batata
  purê 75
  batata-doce 54
berinjela
  moussaka de lentilhas 61
  chutney de, e tâmaras 108
beterraba
  suco de cenoura e, e romã 32
  falso molho ao sugo 100

bolo fofo com compota de morango 131

C
canapés de abobrinha e nozes 72
cebola
  molho de 104
  panquecas de 44
cenoura, suco de, beterraba e romã 32
cereais
  e massas 11
  como cozinhar 10
chapatis 49
chia ver sementes
chocolate
  cookies de 127
  torta de chocolate amargo 135
chutney de berinjela e tâmaras 108
cogumelos
  porcini 53
  shitake, 12, 35, 121
condimentos 13
cookies de chocolate 127
cracker de trigo-sarraceno 79
crepe Dunjette 136
croquete de painço 75
croûtons 27, 93
crumble 140
culinária, abordagem 7-13

D
dip de pimentão assado 108
dulse ver alga marinha

E
ensopado de feijão-azuqui com amaranto 113
erva-doce, salada rosa de quinoa e 89
espaguete 107
espelta 94
espessantes 12

F
falafel de sementes 80
farinha
  amêndoa 58
  aveia 131
  castanha 131
  centeio 12, 24
  espelta 24
  painço 12, 23-24, 27, 44, 131, 140
feijão
  de forno à moda da Macedônia 57
  ensopado de feijão-azuqui com amaranto 113
  seco 11
flores comestíveis 93
frapê de coco e morango 32

G
gêneros alimentícios
  despensa 11-12
  perecíveis 12
granita de cevada com creme de coco batido 139

H
hambúrguer e batata-doce assada 54

K
kimchi caseiro 90
kombu ver alga marinha

L
leguminosas, cozimento 10
leite
  vegetal 13
  caseiro 16
lentilhas
  moussaka de 61
  sopa aveludada de lentilhas vermelhas 117
  terrina de lentilhas à moda mediterrânea 58

M
maionese
  de semente de girassol e castanhas de caju 103
  de tofu 103
maki 71
manteiga de oleaginosas 32, 107, 128
massas
  barrinhas de pura energia 39
  cookies de chocolate 127
  chapatis de tofu 49
  massa filo 43
  nhoque vegano 75
  panquecas de cebola 44
  pizza 24
  tortilha 62
milk-shake de cacau 31
minestrone à moda da Ístria 118

mingau de chia fácil e nutritivo 36
molho
   agridoce de gengibre 104
   bechamel 61
   de abacate para macarrão 107
   de cebola 104
   de tomate 50
   de tomate bem temperado 99
   falso, ao sugo 100
morango
   compota de 131
   frapé de, e coco 32
moussaka de lentilhas 61
mostarda de Dijon 13, 23, 58, 104

N
nhoque vegano 75
nori ver alga marinha
nozes, canapés de abobrinha e 72

P
painço
   croquete de 75
   purê de 14
panna cotta 128
panquecas de cebola 44
pães
   chapati 49
   croûtons 27, 93
   pão sem glúten 27
   tortilha 62
pesto de espinafre 76
pimentão
   dip de pimentão assado 108
   recheado cozido em molho de tomate 50
pizza vegana versátil 66

Q
queijo vegetal 16
quinoa, salada rosa de, com erva-doce e aramê 89

R
rejuvelac 16

S
sal 11
salada
   Caesar vegana 93
   de trigo em grão com champignons e agrião 94
   primavera 86
sanduíches de tofu frito 40
seitan
   caseiro 14
   goulash de, e cogumelos 53
   marinado 23
sementes
   chia 11, 36
   erva-doce 12, 108, 118
   gergelim 11, 27, 71, 76, 104, 107, 121, 122
   girassol 12, 27, 76, 79, 89
   ver também maionese
sobá 121
sobremesas, itens essenciais 12
soffritto 19
soja
   proteína de soja texturizada 7
sopa
   aveludada de lentilhas vermelhas 117
   cremosa verde 114
   nutritiva de missô 122
sorvete
   de cacau 132
   de cappuccino e avelã 132
   de frutas vermelhas 132
strudel de batata picante 43
suco
   alcalino verde 31
   de cenoura, beterraba e romã 32
   de gengibre fresco 71
suplementos 12
sushi vegano 71

T
tacos veganos 62
tâmaras, chutney de berinjela e 108
tempeh 23
tempurá 121
tofu
   curry de 49
   defumado 65
   e tempeh 13
   maionese de 54, 103
   marinado 23
   mexido de 35
   sanduíches de, frito 40
tomatinhos-cereja recheados com pesto de espinafre 76
tomate
   falso molho ao sugo 100
   molho de tomate bem temperado 99
torta
   de chocolate amargo 135
   de polenta 65
trigo-sarraceno, crackers de 79

U
udon 121

V
vitamina B12 12

W
wakamê ver alga marinha

agradecimentos

Gostaria de agradecer...
... a todas as pessoas que mencionei em meus livros anteriores – o apoio que recebo das pessoas queridas à minha volta é permanente, e me deixa feliz e confiante!
... aos novos membros da equipe da Ryland Peters & Small que deram duro para que este livro ficasse bonito!

Nenhum agradecimento pode deixar de mencionar os membros peludos da família por serem tão delicados e fofos! Relaxar na cozinha depois de um dia duro de trabalho não seria tão proveitoso nem agradável sem nossos gatos bobos no colo ou nos acompanhando em caminhadas vespertinas pelo bosque!

Devo também agradecer à natureza por nos oferecer frutos maravilhosos, que me inspiram a criar novas receitas para nutrir corpo e alma.